本书为上海市哲学社会科学规划课题

"大股东—高管权力博弈、股权激励与公司非效率性投资行为研究"

（项目编号：2015BGL004）的研究成果

股权激励与公司
非效率性投资行为

基于双重代理框架的分析

杨慧辉◎著

上海人民出版社

目　录

前　言

公司投资效率一直是财务领域备受关注的研究问题。已有的理论研究和实践经验表明,在股权分散的公司所有权结构下,股东和高管的利益冲突反映在公司的投资领域是各种偏离企业价值最大化目标的非效率性投资行为。非效率性投资是高管由于决策控制权与剩余收益索取权的不对应而采取的一种损害股东和公司利益的自利行为,具体体现为高管在"帝国构建"的动机下投资于净现值小于零的项目而导致的过度投资,以及高管为了规避风险而放弃一些净现值大于零的项目而导致的投资不足。股权激励作为趋同高管和股东利益的机制设计,实现了高管决策控制权与剩余收益索取权的对应,通过修订高管的风险偏好和努力程度缓解高管的自利行为,体现在投资领域就是提高投资效率,降低过度投资和投资不足。

但我国学者对股权激励与公司非效率性投资行为的研究并未得出统一的结论,有发现股权激励制度有助于缓解公司的非效率性投资行为的,也有发现股权激励并未降低高管控制权私利下的非效率投资行为,甚至是加剧了公司非效率行为的。实质上,股权激励对高管行为的影响受制于很多因素,其中一个重要因素是公司治理环境。我国公司治理环境的一个主要特点是上市公司属于股权集中的所有权结构,大股东对上市公司拥有很强的控制权。而且,国有控股股东和非国有控股股东在股东治理方面发挥的效应还存在差异。基于此,本书将契合我国上市公司治理环境现状,从股权激励和大股东控制权交互作用对公司非效率投资行为影响的视角,研究股权激励下大股东与高管权力博弈对公司价值的影响作用。

本书一方面将加深对内部人权力对公司投资决策行为的影响的研究;另一方面也丰富和扩展了股权激励效应的研究视角和研究内容。同时,本书对当前实施股权激励上市公司的案例及实证分析,将提供不同公司治理约束安排与股权激励契约结构下大股东和高管权力博弈对公司投资决策的影响方向和影响程度的直接证据,展示当前公司内外部治理安排对损害股权激励提高公司投资效率的内部控制人(大股东、高管)自利行为约束中存在的治理缺陷;有助于上市公司科学设计股权激励契约结构,有的放矢地完善公司内部治理约束机制、优化股权结构,以真正发挥股权激励提升公司价值的积极治理效应。

在结构框架上,本书共分为七章。第一章阐明本书的研究意义,对国内外对股权激励影响公司投资效率的研究进行梳理,以找到本书研究的切入点。第二章梳理我国股权激励的政策变迁,对股权激励纲领性指导法规于 2006 年起在我国上市公司实施以来的我国 A 股上市公司股权激励的概况进行了总结,以展示我国 A 股资本市场上上市公司股权激励披露、实施、行业分布特征、公司控制人特征等总体情况。第三章采用案例分析的方法剖析股权激励契约设计所形成的契约结构要素选择与企业实质控制权人(管理层—控股股东权力博弈结果)动机的内在联系,获取了公司内部管理层与控股股东的权力博弈直接影响股权激励的设计动机的直观案例证据,为后续的控制权配置影响股权激励设计动机进而引导管理层不同的投资偏好的作用机理分析和大样本实证分析奠定基础。第四章是对国有企业环境中实施的股权激励影响公司非效率性投资的理论与实证分析,从政府干预、管理层“内部人控制”剖析和检验股权激励的国有控股股东是中央还是地方、直接控股股东是国有企业集团还是政府机构,剖析不同国有企业环境中的实施产生的对国有企业非效率性投资行为(即过度投资行为)的异质影响。第五章是对存在实际控制人的股权集中的非国有企业环境中实施的股权激励影响公司非效率性投资的理论与实证分析,基于终极控股股东现金流权与控制权的匹配与分离的调节作用,剖析终极控股股东的动机对非效率性投资与股权激励敏感度的异质影响。第六章特别针对影响企业可持续发展的科技创新投资,从科技创新的投入、产出以及成果转化三方面综合考察科技创新投资效率,剖析和检验国有控股股东、两权匹配的非国有控股股东、资本型的两权分离的非国有控股股东以及企业家型的两权分离的非国有控股股东环境中实施股权激励对公司科技创新投资效率的异质影响。第七章在总结全书研究结论的基础上,针对案例研究与实证研究获取的经验证据中体现出的公司内外部治理安排对损害股权激励提升公司投资效率的内部控制人(大股东、高管)自利行为约束中存在的治理缺陷,从股权激励契约结构的选择,完善公司内部治理约束机制,健全资本市场、经理人市场,优化股权激励相关的配套法规等方面提出政策建议。

本书的研究得到上海市哲学社会科学规划课题"大股东—高管权力博弈、股权激励与公司非效率性投资行为研究"(2015BGL004)、上海市软科学研究重点项目"股权激励对科技创新投入、产出及其效率的影响研究"(16692106200)以及"上海市高校高原高峰学科"的资助。

本书撰写过程中参考了大量国内外的文献和资料,书中列出的为主要参考文献,对于没有列举的,在此对原作者们深表谢意。尽管作者作了最大的努力,但由于学识和时间有限,错误和不妥之处在所难免,希望读者不吝赐教,进行批评和指正,促进学术交流和沟通,作者将深表感谢。

1. 绪　　论

1.1　研究背景与意义

股权激励的必要性源自所有权与经营权分离下因信息不对称而产生的高管道德风险问题(Jensen & Meckling, 1976)。在现代公司制企业中,作为经营者的管理层和作为业主的股东实际上是委托代理的关系,股东委托经理人经营管理资产。但事实上,在委托代理关系中,由于信息不对称,股东和管理层之间的契约并不完全,需要依赖经理人的"道德自律"。按照经济学中"理性经济人"的人性假设,股东和管理层追求的目标是不一致的,股东希望其持有的股权价值最大化,管理层则希望自身效用最大化,因此股东和经理人之间存在"道德风险",需要通过激励和约束机制来引导和限制经理人行为。股权激励作为"金手铐",通过使经营管理者在一定时期内持有股权,享受股权的增值收益,并在一定程度上以一定方式承担风险,可以使管理层在经营过程中更多地关心公司的长期价值,这样便趋同了管理层和股东的利益,缓解了股东与管理层之间的代理冲突。从激励机制的设计原理而言,首先股权激励是一种长期激励,将管理层的利益与公司利益紧密地联系在一起,构筑利益共同体,减少工资和奖金等货币薪酬诱发的管理层追求短期利润的短视行为。其次股权激励还是人才价值的回报机制和控制权激励机制,其将公司经营管理层的价值回报与公司持续增值紧密联系起来,使管理层拥有部分公司控制权,实现了管理层对公司剩余收益索取权的分享,通过公司增值来回报这些人才为企业发展作出的贡献。

但是,这种理论上设计完美的激励机制在国外却经历了从广受推崇到备受质疑的历程。其诞生于20世纪50年代的美国,到20世纪90年代逐渐形成一股世界性浪潮;但自2001年下半年以来,美国连续爆出安然、世通等大公司的假账丑闻,背后的股票期权激励的滥用和2007年席卷全球的金融危机都验证了股权激励契约设计的不合理以及配套的内外部约束条件缺失或不健全,使股权激励成为高管自利机会主义行为实现的温床,高管激励契约与治理失败之间的关系逐渐被理论研究者、实践者与政策制定者所认知,并开始反思和重新审视股权激励效应及其相关配套制度。

受经济体制环境的制约,股权激励在中国缓慢发展。2006年之前,即使是实施股权激励的企业,受当时《公司法》、《证券法》中股权激励的股票来源以及获赠股票的可流通性的制约,其实施大多采用了变通的现金支付方式,而非真正的股份支付方式。2005年《公司法》和《证券法》的修订,股权激励的股票来源以及获赠股票流通性的法律障碍得以清除;同时股权分置改革的完成为市场定价机制的完善创造了基础条件,为公司价值的测量提供了一个客观平台。我国证券监督管理委员会于2006年出台的《上市公司股权激励管理办法》(试行)标志着中国开始了有法可依的、规范的与西方基本同质的股权激励措施。据Wind数据统计显示,截至2016年末,中国A股上市公司共计已有1 372份股权激励计划披露。

中国上市公司的所有权结构的特征是股权分散与股权集中并存。一方面,存在由于股权结构相对分散而导致无实际控制人的上市公司或实际控制人完全放权而被认定为潜在无实际控制人的上市公司;另一方面,也存在以国有控股、家族控股、某大集团控股为代表的存在终极控股股东的股权高度集中的企业。在公司股权分散的情况下,公司经营由管理层掌握,容易发生管理层的自利行为;股权激励的使用可以统一股东与管理层的目标函数,降低管理层代理成本,提升公司的价值(Jensen & Meckling, 1976; Mehran, 1995; Core &

Guay, 1999；Jensen & Muphy, 2004)；基于中国资本市场上市公司的研究,也找到了与西方国家的公司样本相似的股权激励发挥激励效应的证据(李斌等,2009；游春,2010；周仁俊等,2012)。但在股权分散的公司,若管理层权力过大,可能导致管理层的内部人控制问题,此时,股权激励也有可能成为管理层自谋福利的利益输送工具(Bebchuk & Fried, 2003；吕长江等,2009；吴育辉等,2010；王烨等,2012)。实务中,在2006年《上市公司股权激励管理办法》(试行)试行初期,已暴露出的诸如伊利股份降低行权条件、湘鄂情和嘉寓股份做低股权激励的业绩考核条件目标值等问题;2015年股灾戏剧性揭开证券业反腐大幕,享有信息优势的"救市主力"摇身变成"套利先锋"的中信证券事件中,因涉嫌内幕交易、泄露内幕信息被调查的高级管理层均为公司制定的股权激励方案中的激励对象。这些负面案例都使得理论界和实务界诟病股权激励不但没有缓解代理问题,反而成为一种管理层团队寻租的新的代理问题。

在股权集中存在于控股股东的环境中,管理层权力并非独立,公司内部的权力将在控股股东与管理层之间进行配置,股权激励方案设计和实施均会受到控股股东的影响。但当前控股股东也是一个饱受争议的主体。针对我国资本市场上控股股东只是把上市公司当成一个圈钱的壳资源,为了自身利益一再出现掏空上市公司的现象,国内学者在研究公司治理问题与控股股东行为时多从"掏空"上市公司和侵占中小股东利益角度展开。中捷股份在2008年首期高管期权行权后因公司控股股东巨额违规占用上市公司资金事项被深圳证券交易所公开谴责,所有获授股权激励的高管均在被谴责之列。新华都将财政部厦门专员办2010年11月5日对其出具的要求公司减少2009年度利润和补交营业税金等的检查结论和处理决定延迟77天后才予以披露,却在该信息延迟披露期间召开董事会会议和股东大会会议,表决通过了修订后的首期股票期权激励计划,将考核基期变更为2009年。这一事件被市场和投资者质疑,认为公司控股股东纵容高管进行降低股权激励行权门槛和信息披露的操纵。獐子岛2014

年收货期虾贝绝收的黑天鹅事件在 2016 年初进一步发酵,2 000 人联名举报该事件并非自然灾害,涉嫌信息披露造假,而以公司实际控制人及其家族亲戚成员为主要激励对象的股权激励计划是事件的诱因之一;中国平安在掌控上海家化实质控制权后,家化业绩的下滑和百年老店的沦丧,业界对其实施的董事长股权激励计划和管理层股权激励计划严重质疑。

这些案例表明,股权激励的契约安排可能沦为控股股东收买高级管理层为其"掏空"行为提供必要帮助的筹码和回报,加剧了公司的控股股东代理问题。当控股股东"掏空"收益小于其成本时,会与其他中小股东形成利益协同,发挥大股东积极的治理效应。我国股权分置改革后,控股股东行为因其所持上市公司股票的资本利得可实现性发生改变,从"掏空"转向"支持"(朱清等,2014)。控股股东国资委对深陷"套期门"的国航、南航和东航三大航空公司注资,避免其经营陷入困境、ST 张家界获得政府股东的资金支持、华远地产获得的控股股东贷款担保、隧道股份获得集团控股股东核心业务资产注入等都说明确实存在控股股东对上市公司进行支持的现象。海格通信在股权激励有效期内于 2014 年 11 月 11 日提出融合大股东增持和关键人员股权激励的非公开发行预案,对内、对资本市场均提振信心,得到市场和投资者的认可。这表明,大众认可控股股东对上市公司持"支持"动机时,股权激励契约安排在控股股东积极的监督作用下能够发挥真正的激励相容效应。

理论界已有的对股权激励影响公司价值的效应研究,多直接考察股权激励与否或股权激励水平与表征公司价值的业绩指标的相关性,存在最优契约论下的股权激励有助于提升公司价值,和管理层权力论下的股权激励与公司价值无关,甚至负相关两大类截然相反的结论。这样直接考察股权激励与公司价值的关系忽略了实际影响公司价值的控股股东和高管行为的中介作用。按照财务理论,公司价值是由公司投资、融资以及股利政策三大决策所产生的现有资产价值与未来投资产生的现金流量现值构成,因此,高管激励和股权结构两种治理机制实质上是通过影响控股股东和高管的行为实现对公司价值的影响。投资决策不仅涉及资金的筹集,而且与资金的配置密切相关,直接影响公司的融资和股利分配等财务决策,进而影响公司的财务状况、经营成果及未来的发展前景,被认为是公司成长的主要影响动因和未来利润增长的重要基础。那么,控股股东和高管在股权激励下的行为博弈会如何影响公司的投资决策?通常而言,任何一项行为均受动机的驱使,那么,不同设计动机下的股权激励会如何影响公司投资决策?按照行为决定结果,而行为受动机的驱使,行为结果是动机的外在表现的逻辑,要厘清股权激励对公司价值的影响,就必须从股权激励的动机这一源头出发,研究不同动机下的股权激励通过对管理层财务决策行为的异质引导作用,进而最终影响公司的价值。这正是本书拟开展的研究意义之所在。

本书在两方面具有理论研究意义。首先,改革开放以来,我国致力于建设和优化公司的内部治理结构以及内部治理机制,但学术界对股权激励对管理层行为的引导作用的研究主要是针对管理层代理问题,基于最优契约论和管理层权力论分解出股权激励的激励动机和福利动机,鲜有关注股权集中的所有权结构下控股股东目的和权力以及作为公司治理重要内容的控制权配置特征对股权激励动机的影响作用。因此,本书深入考虑由于我国的法律与文化制度背景与西方发达国家存在很大差异而造成的国外理论引入中国制度环境的变异,从控股股东和高管权力博弈角度研究股权激励的治理效应,不同于当前主要基于股东—高管单层代理冲突视角的股权激励效应研究,更为接近现实。本书拟从设计出的股权激励契约的关键要素选择的差异,剖析股权激励契约安排的激励和非激励动机,并基于公司控制权的配置特征及天然本性动机将非激励型股权激励进一步细化为福利型和合谋型,一方面拓展了管理层激励制度安排动机的研究内涵,另一方面也丰富了大股东治理效应的研究视角和内容。其次,本书将研究层面细化至微观的股权激励契约结构要素(如激励对象分布、激励水平、行权价格、等待期、禁售期、有效期等)对相关人员行为的改变,不同于将股权激励视作单一变量考察激励水平对公司业绩影响的研究,充分考虑了股权激励契约结构要素影响相关人员的投资决策进而影响公司价值的作用过程。

以 2006 年证监会发布的《上市公司股权激励管理办法》(试行)为标志,我国的股权激励制度正式得到法律意义上的最终确认。然而,在股权激励推行与实施的道路上仍是举步维艰,公司自身对激励模式与对象的选择不合理、激励期限与考核指标疏于设计等契约层面因素以及经理人市场不完善等宏观制度因素仍然制约着股权激励的发展。因此,本书对当前实施股权激励上市公司的实证及案例分析的直接证据能直观地展示我国公司股权激励方案存在的问题,为后续的股权激励合理性契约结构及配套约束制度的设计及为我国政府机构如何规范和引导上市公司的股权激励提供理论参考和建议;为上市公司实际制定股权激励政策、完善公司治理结构,实现股东长期价值的增长提供决策依据。

1.2 国内外研究现状及发展动态分析

1.2.1 股权激励效应的研究现状及发展动态分析

股权激励效应研究存在两种假说:一是高管持股比例的增加会降低股东与经营者之间代理成本的利益趋同假说(Jensen & Meckling, 1976),二是高管持股比例过高有可能控制董事会,侵占其他投资者的财富,从而减少公司价值的高管防御(Fama & Jensen, 1983)假说。这两种对立的理论假说,最初是基于产权理论的外生视角,把股权激励作为一个独立的外生变量,进行股权激励与公司价值之间相关性检验。后续则基于超产权理论的内生视角,主要检验股权激励水平影响因素及其对股权激励与公司绩效(价值)相关性的影响,但至今尚无统一的股权激励对公司价值及其他行为影响方向和程度的研究结论。

梅兰(Mehran, 1995),霍尔和利布曼(Hall & Liebman, 1998),卡尔等(Carl et al., 2003),丹尼斯和斯蒂文(Dennis & Steven, 2007)以托宾 Q 表征的

企业价值与高管持股比例及持股金额的研究支持利益趋同假说的股权激励与公司价值(业绩)正相关论。也有学者从股权激励解决经理人风险厌恶所导致的投资不足及负债融资不足的角度来证实股权激励提升公司价值(Lambert, 1989; Defusco, 1990; Coles 等, 2006)。随着 2006 年股权激励改革的推进,我国学者开始从以股票期权和限制性股票等为主要形式的股权激励对公司会计业绩影响的视角直接检验其有效性,大部分研究得出股权激励水平与公司会计业绩线性正相关的结论,支持现阶段实施的股权激励的有效性(如李斌、孙月静, 2009; 游春, 2010; Lian et al., 2011; 周仁俊、高开娟, 2012)。

基于高管防御假说,也有学者发现随着管理层持有股权的增加,股权激励会加剧管理层与股东之间的代理冲突,增加代理成本,降低公司价值(Griffith, 1999; Adams & Santos, 2006; MeConnell et al., 2008; 章雁, 2010; 肖淑芳等, 2012; 陈艳艳, 2012),随之提出股权激励与公司价值(业绩)负相关论(Demsetz, 1985; Jensen & Murphy, 1990; Ghosh & Sinnans, 2003)。

基于利益趋同假说和高管防御假说融合的公司业绩与股权激励区间效应论,股权激励存在最优水平。莫克等(Morck et al., 1988)和麦康奈尔等(McConnell et al., 1990)都发现了公司业绩(托宾 Q)与高管持股的倒 U 型关系,只是拐点分别位于持股比例为 5%—25% 与 40%—50% 之间。崔和马克(Cui & Mak, 2002)则发现高管持股与托宾 Q 值形成一个 W 形的关系。而戴维斯(Davis et al., 2005)以英国上市公司 1997 年数据为样本,考虑股权激励与业绩之间的内生性,采用联立方程模型进行分析,发现经营者股权水平与企业价值之间存在显著的双驼峰形状的非线性关系,具有 4 个拐点。其后亚当斯和桑托斯(Adams & Santos, 2006)、麦康奈尔等(McConnell et al., 2008)和本森和戴维森(Benson & Davidson, 2009)的研究也都得出股权激励对公司业绩的影响是非线性的结论。国内也有学者的研究支持高管持股与会计收益率代表的企业业绩呈非线性关系(吴淑馄, 2002; 李凯、宋力, 2006; 游春, 2010),在考虑高管持股与企业业绩的内生性影响下,这种显著的倒 U 型区间效应仍然存在(王华、黄之骏,2006)。黄桂田等(2008)对 2000 年至 2004 年 1 082 家上市公司平行面板数据进行研究,发现高管持股比例与每股收益和托宾 Q 值均存在显著的倒 U 型关系。

基于内生视角的股权激励与公司价值(业绩)无关论认为股权激励是一个内生变量,依赖于公司外部环境和内部特征,因此与公司业绩之间无相关关系。希梅尔伯斯等(Himmelbers et al., 1999)采用固定效应模型和工具变量来控制各种可能无法观察的异质性,运用二次方程、分阶段线性回归方程的方法来预测公司的绩效,发现经理人持股对公司业绩的影响并不显著。国内对股权激励与企业价值的文献大多认为经营者股权激励与企业价值无关或相关性不显著(魏刚,2000;李增泉,2000;常健,2003;谌新民、刘善敏,2003;陈勇等,2005),直至近期依然有类似研究结论。李维安、李汉军(2006)选取 1999 年至 2003 年的民营上市公司为研究对象,发现在公司持股集中度较高的情况下,股权激励的作用不明显。顾斌、周立烨(2007)选取在 2002 年以前实施股权激励的沪上市公司作为研究样本,研究发现上市公司在实施股权激励后其业绩(净资产收益率)没有显著的变化。李斌、孙月静(2009)从内生视角对股权激励、公司治理约束水平以及公司绩效之间的关系进行理论分析与实证研究,发现经营者的股权激励与约束水平虽能彼此增强各自对公司业绩的影响,但实证结果并不显著。

1.2.2　影响股权激励有效性的研究现状及发展动态分析

在 20 世纪 90 年代末,美国安然、世通等财务丑闻出现后,学者开始质疑公司实施股权激励的动机。管理层权力论(Bebchuk & Fried, 2003)应运而生,解释了股权激励契约设计和执行中的自谋福利动机。认为当股东、董事会无法约束管理层权力时,管理层实质上成为其激励契约制定的控制者,旨在降低代理成本的股权激励也因此沦为管理层寻租的工具,直接表现为管理层利用信息优势和手中的权力操纵股权激励契约的设计和后续的执行,获取超常的股权激励薪酬。马特尔希等(Matolscy et al., 2009)运用企业实施股权激励前的标的股票累计超额收益率(CAR)和行权价区分激励和福利,认为实施股权激励前存在负的 CAR 和行权价格低于或等于公司股价的股权激励带有福利效应。吕长江等(2009、2011、2012)首次引发了对我国上市公司股权激励的福利动机的研究。他们从公司治理角度研究了各上市公司推出的股权激励方案,发现部分上市公司的管理层权力过大,影响了董事会对股权激励方案的制定,股权激励方案的设计存在考核条件偏低、有效期偏短等福利效应;吴育辉、吴世农(2010)发现公司在股权激励方案的业绩考核指标设计方面异常宽松;王烨等(2012)以 2005 年至 2011 年推出股权激励计划的上市公司为样本研究股权激励方案中行权价格的设定,发现管理层权力越大,股权激励方案中设定的初始行权价格就相对越低。

经验证据表明,福利动机下的股权激励引发的管理层代理问题集中体现在以下方面:一是对管理层薪酬中的过度支付问题。孙健、卢闯(2012)基于我国上市公司的股权激励研究发现股权分散度较高的公司与董事长和总经理两职合一的公司较倾向于授予管理层更多的股权激励。二是信息披露操纵和倒签股票期权行为。西方股票期权的行权价格以授权日当天的股票市场价格为基准,对于固定授予日的期权激励,管理层会通过延迟披露好消息压低授权日股价以获得一个较低的行权价格,表现为这些公司在期权授权日前具有负的异常收益,在授权日后具有正的异常收益;这得到了较为统一的实证证据(Yermack, 1997; Aboody & Kasznik, 2000; Narayanan & Seyhun, 2008; Cicero, 2009; Brockman et al., 2010)。杨慧辉(2009)、张治理等(2012)也发现我国上市公司股权激励计划中的择时问题,实施福利动机的股权激励公司在行权定价基准日(股权激励计划草案公告日)前披露坏消息的频率显著增加,导致股权激励计划草案公告日至前 30 个交易日标的股票的超额累计收益率为负值,从而降低了行权价格。赫伦和利(Heron & Lie, 2007、2009)、卡罗等(Carow et al., 2009)、达利沃尔等(Dhaliwal et al., 2009)针对 2006 年开始席卷美国上市公司的倒签股票期权的丑闻潮,均发现对于非固定授予日的期权激励,管理层可以通过将期权授予日倒签为股价特别低的日期来降低行权价格的寻租行为的证据;而且管理层权力越大,董事会监管越弱,倒签的可能性越大(Bebchuk et al.,2010);股票期权薪酬价值越高,倒签的可能性也越大(Wu et al.;2012)。杨慧辉等(2016)也发现了最小化股权激励的个人所得税驱动下的我国上市公司股权激励中的股票期权行权日倒签行为。三是股权激励诱发的盈余管理问题。西方国家在盈余管理方面的实证研究普遍得到了管理层通过做大可操纵性应计利润抬高所获激励股权出售前的股票价格的结论(Cheng & Warfield,2005;Bergstresser & Philippon,2006;Cohen et al.,2010)。

自倒签股票期权的丑闻出现后,也有学者从操纵股票期权行权价格确定视角研究盈余管理,发现管理层通过负向盈余管理压低股价,降低以授予日股价为基础确定的期权行权价格的经验证据(McAnally et al.,2008;Uzun & Zheng,2012)。基于我国上市公司的股权激励,肖淑芳等(2009)发现股权激励计划公告日之前的三个季度,CEO大幅度增加向下的可操纵应计利润,公告日后盈余管理方向反转;苏冬蔚等(2010)发现盈余管理加大了CEO行权的概率,而且CEO行权后公司业绩大幅下降;吕长江等(2011)发现实施股权激励的上市公司资产减值率在股权激励计划推出前一年显著高于非股权激励公司,而在激励方案推出当年和次年又显著低于非股权激励公司;杨慧辉等(2012)发现股权激励计划披露日及行权日前管理层通过可操纵性应计利润调低盈余,激励所获股权出售日前则主要进行了调高盈余的真实活动盈余操纵;肖淑芳等(2013)发现实施期权激励的上市公司通过真实活动盈余管理方式使方案设置的考核基期的业绩显著低于历史业绩,从而降低行权达标的难度。这也都证实福利动机下的股权激励诱发的盈余管理的存在性。

1.2.3 影响非效率性投资因素的研究现状及发展动态分析

信息的不对称和契约的不完善造成高管做出非效率性投资行为,进而影响到企业的正常运营和健康发展,这就促使公司在完善企业经营策略的同时开始致力于寻求能够解决此类委托代理问题的有效措施,快速准确地找到能够改变投资决策的因素就变得至关重要。因此许多国内外学者为分析国家经济环境找到突破口,开始从大股东控制和管理层激励两个方面入手,对非效率性投资的影响因素展开深入的研究。

(1) 控股股东治理对公司投资行为的影响

在高度集中的股权结构中,由于大股东拥有绝对控制权的优势,往往会诱生出其机会主义行为。一般情况下,控股股东通过投资可以获取控制权共享收益和私有收益两类收益。作为理性投资人,其行为选择往往取决于共享收益和私人收益的多寡,通常大股东会为了追求控制权的私人收益而转移公司资源,从而对中小股东的利益造成严重损害。随着大股东的持股比例增加,其控制力相对增强,股东与经理人的代理冲突也会受到相应的影响,国内外的研究也主要是从这些委托代理冲突入手,探讨在大股东占绝对控制地位时,会对公司的投资决策造成何种效果。阿加沃尔和萨姆维克(Aggarwal & Samwick, 2006)研究发现,在集中型所有权结构下,利益主导下的控股股东一般会将控制权收益最大化作为其投资决策的目标,而不是公司价值最大化。斯莱弗和维什尼(Shleifer & Vishny, 1997)在作出股权异质性假定的基础上,提出在股权集中的所有权结构特征情况下,公司控股股东拥有足够的动力去激励和监督管理者行为,而公司的委托代理问题则突出表现为大股东与小股东的利益冲突。拉波塔(La Porta, 2002)认为,上市公司的控股股东持股通常具有激励和侵占的双重效应,其不仅有很强的动机监督经营者,避免高管为了私人利益而作出非效率性投资,进而损害公司价值提升,也有足够的能力利用手中对企业的控制权进行各种非效率投资行为,然而这样做会使中小股东的权益受到侵害。

改革开放以来,中国的经济增长速度一直位居世界前列,但在这背后却隐藏着较为严重的“高投资,低效率”问题。郭胜等(2011)以上市公司 2007 年至

2009年数据作为样本,研究发现我国企业的非效率性投资现象十分严重,且总体表现为投资不足,在这些影响因素中,控股股东与非效率投资之间呈现出显著的非线性关系。刘峰等(2004)经研究也发现,控股股东的持股比例越高,就越倾向于利用购销关联交易等方式掏空公司,这种掏空行为必然引起上市公司的资金紧张,进而影响投资决策的制定,导致投资不足现象的发生。窦炜等人(2011)利用我国2000年至2008年的数据进行实证分析,验证得出在大股东绝对控股的条件下,企业过度投资的扭曲程度与控股股东的持股比例呈现显著负相关关系,投资不足则与其正好相反,呈现出显著正相关关系。冉茂盛(2010)认为,大股东控制对于投资效率具有"激励效应"和"损耗效应"两面性,且其"损耗效应"大于"激励效应",因此,只有完善公司治理机制以有效制约大股东的"损耗效应",才能进一步优化上市公司的投资行为,提高资本市场资源配置的效率。

(2) 管理层股权激励对公司投资行为的影响

当前研究股权激励对公司投资决策的影响,大多集中于剖析股权激励对企业非效率性投资(投资过度或投资不足)的增强还是抑制作用。基于股权激励最优契约论的研究认为股权激励作为趋同管理层和股东利益的机制设计,实现了管理层决策控制权与剩余收益索取权的对应,这就可以缓解管理层自利而产生的过度投资行为(Jensen & Murphy, 1990; Murphy, 1999; Kang et al., 2006;吕长江等,2011;强国令,2012;徐倩,2014)。而且,瓜伊(Guay, 1999)的研究发现,与其他一些以股票为基础的薪酬机制一样,股权激励通过赋予高管人员股权以分享企业剩余索取权的方式,不仅可以协调股东与管理者之间的利益关系以达到降低代理冲突的目的,还可以适当地激励管理者接受可能发生的风险,增加公司投资。除此之外,拉齐尔(Lazear, 2004)还发现,作为信息筛选机制的股权激励制度可以有效地促使有投资决策权限的管理层挑选并实施对其自身有利的盈利项目。同时霍尔姆斯特罗姆和魏斯(Holmstrom & Weiss,

1985)提出,在存在不利随机因素时,投资项目的产出是无法排除其影响的,虽然这与高管所能获得的薪酬有很大的关联,但管理者实际付出的努力在企业经营过程中是无法直接量化且不易被知晓的,此时,管理者一般会为了避免独自承担风险而选择放弃可能对公司价值的提升有利的投资项目,而把股权作为激励手段支付时,其他条件即使没有改变,合约凸性的增加也会进一步降低经理人对风险的厌恶,从而增加公司投资。因此,股权激励内含的风险激励可以激励管理层承担风险,这可以缓解管理层自利而产生的投资不足行为(Hall & Murphy, 2003;吕长江等,2011; Panousi & Papanikolaou, 2012;徐倩,2014)。吕长江等(2011)在区分了过度投资和投资不足之后认为,股权激励制度可以缓解管理层和股东的利益冲突,进而抑制非效率性投资现象的发生。徐倩(2014)在考察环境不确定性对企业投资行为影响的基础上,发现企业所面临的环境不确定性会使企业投资效率降低,导致投资不足或过度投资,而股权激励机制对于不确定环境所引起的管理者非效率性投资行为有较强的抑制作用。但是,基于管理层权力论和管理层壕沟效应论的研究却认为,股权激励特别是股票期权激励所提供的过度风险激励(John 等,1993;李小荣等,2014)会加大管理层"企业帝国"建造冲动、进行市场迎合性投资,造成过度投资(Bebchuk et al., 2010; Key et al., 2010; Armstrong et al., 2012;汪健等,2013)。杨慧辉等(2015、2016)基于我国股权集中的所有权结构下进一步考察控股股东对股权激励—投资效率敏感度的影响,发现国有控股上市公司实施股权激励可以抑制大股东和管理层的过度投资行为;在非国有控股股东为监督型的环境中,股权激励的实施可以抑制过度投资和投资不足;而非国有控股股东为侵占型环境中,股权激励虽能抑制公司的投资不足,但会加剧公司的过度投资。

　　除此之外,也有部分学者基于股权激励提供的风险承担激励,剖析股权激励对代表风险性投资的研发投入和外部并购的影响作用,但同样没有得到统一的结论。基于最优契约论的研究认为权益基础的薪酬计划尤其是股票期权有助于缓解管理层的风险规避,鼓励其从事高风险的研发投资(Guay, 1999; Lerner & Wulf, 2007; Eekens, 2011; Shen & Zhang, 2013)和外部并购项目(Datta & Raman, 2001; Low, 2009; Edmans & Gabaix, 2011)。在我国,唐清泉等(2009、2011)、陈效东等(2014)、谭洪涛等(2016)的研究发现,上市公司股权激励与企业的研发投入显著正相关,股权激励是科技创新和企业可持续发展的动力。胡振华等(2015)、孙菁等(2016)进一步研究具体的管理层股权激励方式对研发投入的影响,发现相比股票激励,公司选取股票期权激励对研发活动的促进效果更为显著。基于股权激励对外部并购行为的研究,李善民等(2009)发现股权激励的确能够适当缓解管理层以谋取私有收益为目的而发动毁损股东价值的并购行为;刘淑莲等(2013、2015)则发现股权激励的强度与公司的并购行为正相关,而且公司风险不确定性增大了股权激励与并购决策正相关性。这些研究结论也同样支持股权激励的最优契约论。但法马和詹森(Fama & Jensen, 1983)的管理层壕沟效应论则指出,当管理层持股比例过高时,其承担研发失败的风险和成本加大,使其对研发投入的意愿降低。后续的实证研究也发现公司的研发投入随着管理层股权激励水平的提高呈现倒 U 型曲线(Ryan & Wiggins, 2002; Ghost et al., 2007; Bhargava, 2011;沈丽萍等,2016)。

1.2.4 文献述评

通过对国内外相关研究的分析,可以看出,国内外对股权激励是否有效尚无统一的结论,存在最优契约论和管理层权力论两种截然相反的假说。国外学者虽然还从股权薪酬提供风险激励,引导高管进行风险投资和融资视角衡量股权激励的有效性,但股权激励水平与公司风险行为正相关并不一定意味着股权激励引导高管决策达到了使公司价值最大化的最优风险承担水平。而且当前研究把股权激励作为一个整体,忽视了微观股权激励契约结构要素(如激励对象、激励模式、激励力度、行权/授予价格、业绩条件、有效期限、股份来源等)对公司价值的作用过程(刘浩、孙铮,2009;徐宁、徐向艺,2010)。

而且,当前国内外学者主要是针对管理层代理问题,基于最优契约论和管理层权力论展开管理层股权激励效应的分析,鲜有关注股权集中的所有权结构下控股股东目的和权力以及作为公司治理重要内容的控制权配置对股权激励动机的影响作用;而在我国公司大多存在控股股东的环境中,作为核心治理主体的股东层、董事会和管理层之间权力博弈客观存在,将其引入股权激励研究框架之中是公司治理领域的重要扩展方向。

因此,本书将契合我国上市公司治理环境现状,按照"股权激励动机—传导路径—经济后果"的行为学研究思路,基于不同股权激励计划中契约要素的差异选择,结合公司的控制权配置特征,首先区分和识别激励、福利和合谋的股权激励动机;其次考察不同股权激励动机下的公司投资行为偏好的差异;最后剖析不同的投资行为对公司价值的异质影响。这不仅有助于厘清当前有关股权激励与投资决策行为、公司价值之间存在广泛争议关系的研究结论,也从理论上为公司投资决策的选择增添了新的研究视角。

2. 中国 A 股资本市场上市公司股权激励实施现状

2.1 股权激励政策变迁

我国从计划经济向市场经济转型过程中,股权激励发展经历了一个特殊的过程(见图 2-1)。最早可追溯到 20 世纪 80 年代开始的股份制改造,然后到 20 世纪 90 年代的经营层激励试点,再到"MBO"盛行,国有海外上市公司的股权激励计划,一直到《上市公司股权激励管理办法》(试行)的颁布,才算是真正进入"有法可依"的规范操作阶段。

图 2-1　中国股权激励雏形发展阶段

资料来源:中国股权激励年度报告(2006)、和君咨询有限公司。

1999 年 9 月党的十五届四中全会明确提出"今后应该在有条件的国有企业内部对企业高级管理人员实行一定比例的股权激励制度,以约束和激励企业经理人员的经营与投资行为"。这标志着我国上市公司建立长期激励与约束机制的事关上市公司发展质量的战略性制度建设自此展开,股权激励进入政策鼓励、自主探索的初级阶段。根据国家及各地政府部门出台的股权激励制度地方政策,我国上市公司进行了大胆的尝试和探索,以期建立一种可长期采用的、规范的激励制度。由于当时上市公司实施股权激励并不涉及证监会的审批,因此,股权激励制度的建立和实施程序相对简单,只要股东大会决议通过后即可实施。当然,在具体执行中,必须遵守《公司法》、《证券法》、《税法》等相关法律的规定,这就形成各上市公司自行其是的千差万别的股权激励模式和程序。

从上市公司年度报告公开披露的信息来看,在该阶段,实施股权激励的上市公司数量和占上市公司总数的比例都在逐年递增(表 2-1),特别是 2001 年 3 月证监会在其公布的《公开发行证券的公司信息披露内容与格式准则第 1 号:招股说明书》中透露了核准制下上市公司必须重视建立长期激励与约束制度的信息后,2002 年实施股权激励的上市公司数量明显上升。

表 2-1　股权激励雏形发展阶段的股权激励情况汇总

	1999 年	2000 年	2001 年	2002 年	2003 年	2004 年
实施股权激励公司数(个)	7	16	34	86	112	146
上市公司总数(个)	931	1 064	1 135	1 199	1 262	1 357
占上市公司总数比例(%)	0.75	1.5	3	7.2	8.9	10.8

资料来源:根据 1999—2004 年上市公司年报和清华大学 CCFR 金融数据系统整理。

这些实施股权激励的上市公司,激励对象一般为董事长、总经理,但激励的方式各不相同,主要有业绩股票/单位、股票期权、经营者/员工持股、限制性股票、虚拟股票、延期支付、股票增值权、管理层/员工收购、复合模式等。在该阶段,虽然有政策支持股权激励的推行,并且实施股权激励的上市公司逐年增加,但具体操作规范并没有出台,加之当时我国的资本市场、相关法律的限制以及公司治理结构不健全或形同虚设,使得股权激励的真正实施面临很大的障碍,限制了股权激励的发展。

首先,法律障碍。2005 年《公司法》对公司发行股票、回购股票以及高管持股的流通有着严格的限制,这使得股权激励的股票来源以及可流通性受限。

其次,资本市场低效。股权激励制度将经理人收入与企业股票价格相联系的设计就是认定了经理人努力工作,企业价值增加,企业股票升值这样的思路。因此,企业股票价格能否正确反映企业价值是股权激励制度能否发挥有效性的关键。这就涉及我国证券市场的效率问题。我国当时的证券市场对信息的反应不当,并且信息严重不对称,企业股价实际上控制在庄家手中,经常与企业内在价值严重背离,信息含量低,市场价格难以反映企业的真实运营状况。由于证券市场的股票价格无法反映股票价值,经理人提升公司价值的努力工作得不到股票价格的反映,股权激励薪酬无法实现,达不到激励相容的作用。

第三,公司内部治理结构①不完善。在该阶段,我国上市公司大多是由原国有企业改制而来的,在长期发展过程中,形成了股权种类多元化、股权结构高度集中、非流通股比重过大、国有股一股独大的股权结构,建立在这种股权结构基础上的公司治理模式不能有效约束公司相关利益主体(如股东、董事、监事及高管人员)间的相互关系,股权激励制度不可能充分发挥积极作用。

2004 年 1 月,国务院《关于推进资本市场改革开放和稳定发展的若干意见》中特别指出"要建立健全上市公司高管人员的激励约束机制",并且要解决股权分置问题。2005 年 8 月证监会、国资委、财政部、人民银行、商务部等五部委联合颁布了《关于上市公司股权分置改革的指导意见》。2005 年 10 月 27 日第十届全国人民代表大会常务委员会第十八次会议修订公司法,修订后的公司法第143 条明确公司在将股份奖励给本公司职工时可以回购股票,解决了股权激励

---

① 公司内部治理结构是有关所有者、董事会和经理人三者之间权力分配和制衡关系的一种制度安排,表现为明确界定股东大会、董事会、监事会和经理人员职责及功能的一种企业组织结构(吴敬琏,1994)。其本质上是一种现代企业的组织管理制度,最明显的特征是根据权利分工和效率优先的原则,在企业内部实行两权分离、三足鼎立的格局,即所有权和经营权分离,股东大会、董事会、监事会建立起相互独立、相互制约的机制,有效使其决策、执行、监督的权利。

股票来源的问题。第 142 条规定"公司董事、监事、高级管理人员应当向公司申报所持有的本公司的股份及其变动情况,在任职期间每年转让的股份不得超过其所持有本公司股份总数的百分之二十五;所持本公司股份自公司股票上市交易之日起一年内不得转让。上述人员离职后半年内,不得转让其所持有的本公司股份",使得股权激励所获得的股票可以依法流通。在股权激励的股票来源和流通问题得以解决之后,2005 年 11 月 15 日证监会出台《上市公司股权激励规范意见(试行)》,2006 年 1 月 1 日出台《上市公司股权激励管理办法》(试行)。这两个政策性文件,对股权激励的激励对象、激励模式、股票来源、激励幅度、有效期、等待期、授权日、可行权日、禁售期、行权价格及其调整、实施程序、信息披露以及监管和处罚等要素进行了规范,标志着我国对股权激励制度的政策监管力度上升到一个新高度,即由原来的"粗放型"转为"集约型"管理,从资本市场到公司内部治理,在宏观、微观两个方面齐抓共管,进而为股权激励在我国的健康发展和茁壮成长,提供了良好的法律基础。由此,我国上市公司的股权激励,不仅扫除了实施的法律障碍,还有了具体的操作规范。这标志着中国资本市场的上市公司股权激励进入了有法可依的规范发展阶段,2006 年成为中国上市公司股权激励"元年"。表 2-2 对股权激励"元年"后的股权激励法规进行了汇总和梳理。

表 2-2　股权激励政策法规

基　本　法　规
《上市公司股权激励管理办法》(试行)(中国证券监督管理委员会 2005 年 12 月 31 日　证监公司字〔2005〕151 号)
《股权激励有关事项备忘录 1 号》(中国证券监督管理委员会上市公司监管部 2008 年 3 月 17 日)
《股权激励有关事项备忘录 2 号》(中国证券监督管理委员会上市公司监管部 2008 年 3 月 17 日)
《股权激励有关事项备忘录 3 号》(中国证券监督管理委员会上市公司监管部 2008 年 3 月 17 日)

（续表）

基　本　法　规
《上市公司股权激励管理办法》（中国证券监督管理委员会令第126号）
国有控股公司的相关特殊规定
《国有控股上市公司（境内）实施股权激励试行办法》（国资发分配〔2006〕175号　2006年9月30日）
《关于规范国有控股上市公司实施股权激励制度有关问题的通知》（国资发分配〔2008〕171号　2008年10月21日）
配套税收法规
《国家税务总局关于股权激励有关个人所得税问题的通知》（国税函〔2009〕461号）
《关于上市公司高管人员股票期权所得缴纳个人所得税有关问题的通知》（财政部、国家税务总局2009年5月4日　财税〔2009〕40号）
《关于股票增值权所得和限制性股票所得征收个人所得税有关问题的通知》（财政部、国家税务总局2009年1月7日　财税〔2009〕5号）
配套信息披露法规
《中小企业板信息披露业务备忘录第14号：股权激励期权自主行权》（深圳证券交易所中小板公司管理部2012年8月8日修订）
《中小企业板信息披露业务备忘录第9号：股权激励限制性股票的取得与授予》（深圳证券交易所中小板公司管理部2012年2月8日修订）
《中小企业板信息披露业务备忘录第12号：股权激励股票期权实施、授予与行权》（深圳证券交易所中小板公司管理部2012年2月8日修订）
《信息披露业务备忘录第38号：股权激励期权自主行权》（深圳证券交易所公司管理部2011年12月30日）
《创业板信息披露业务备忘录第8号：股权激励（股票期权）实施、授予、行权与调整》（深圳证券交易所创业板公司管理部2011年8月30日）
《创业板信息披露业务备忘录第9号：股权激励（限制性股票）实施、授予与调整》（深圳证券交易所创业板公司管理部2011年8月30日）
配套会计处理法规
《企业会计准则第11号—股份支付》（中华人民共和国财政部令第33号2006年2月15日）

资料来源：根据证监会、财政部、国家税务总局相关法规汇总整理。

2.1.1 股权激励"元年"的纲领性政策

《上市公司股权激励管理办法》(试行)对股权激励的对象和赋权主体、股权激励的方式、股权激励的强度以及股权激励的实施程序和信息披露作出了具体的规定:

1. 股权激励的对象

股权激励计划的激励对象可以包括上市公司的董事、监事、高级管理人员、核心技术(业务)人员,以及公司认为应当激励的其他员工,但不应当包括独立董事。

2. 股权激励的管理机构

股权激励作为经理人薪酬组合的一个部分,同样由董事会下设的薪酬与考核委员会负责拟定、实施以及进行业绩考评。

3. 股权激励的方式

股权激励的方式可以为限制性股票、股票期权以及法律、行政法规允许的其他方式。"办法"所称的限制性股票是指激励对象按照股权激励计划规定的条件,从上市公司获得的一定数量的本公司股票。由于规定上市公司授予激励对象限制性股票应当在股权激励计划中规定激励对象获授股票的业绩条件、禁售期限,因此,该限制性股票实质与业绩股票、经营者持股方式相同。"办法"所称的股票期权是指上市公司授予激励对象在未来一定期限内以预先确定的价格(即行权价格,exercise price)和条件购买本公司一定数量股份的权利。股票期权存在授予日(grant date)、可行权日(vesting date)和到期日(maturity date)三个关键时点,授予日与可行权日之间的时期为待权期,可行权日与到期日之间的时期为可行权期。在授予日,确定授予股票期权的行权价格,激励对象获得股票期权;待权期结束后的可行权期内,激励对象在达成行权的条件后,可以按照行权价格购买标的股票。这与西方国家的股票期权的实质是完全相同的,但由于我国的经理人股票期权刚刚起步,相关的如税法优惠等法规没有配套,因此,经理人股票期权和西方国家的经理人股票期权在具体内容上还存在一定的差异。①

4. 股权激励幅度

按照"办法"的规定,上市公司全部有效的股权激励计划所涉及的标的股票总数累计不得超过公司股本总额的 10%。非经股东大会特别决议批准,任何一名激励对象通过全部有效的股权激励计划获授的本公司股票累计不得超过公司股本总额的 1%。

5. 股权激励的授予(行权)价格的确定方法

按照"办法"的规定,上市公司在授予激励对象股票期权时,应当确定行权价格或行权价格的确定方法。行权价格不应低于股权激励计划草案摘要公布前一个交易日的公司标的股票收盘价以及股权激励计划草案摘要公布前 30 个交易日内的公司标的股票平均收盘价这两个价格较高者。

6. 股权激励的程序

按照"办法"的规定,股权激励的实施程序为:(1)上市公司董事会下设的薪酬与考核委员会负责拟定股权激励计划草案。(2)薪酬与考核委员会拟订的股权激励计划草案提交董事会审议。(3)独立董事应当就股权激励计划是否有利于上市公司的持续发展,是否存在明显损害上市公司及全体股东利益发表独立意见。(4)上市公司应当聘请律师对股权激励计划出具法律意见书。(5)董事会审议通过股权激励计划草案 2 个工作日内,披露公告董事会决议、股权激励计划草案摘要、独立董事意见;上市公司应将有关材料报中国证监会备案,同时抄报证券交易所及公司所在地证监局。(6)中国证监会自收到完整的股权激励

---

① 美国的经理人股票期权发展较成熟,按照是否享受税收优惠,分为法定型(qualified option)和非法定型(non-qualified option)两种:法定型期权只要持有人符合持有的条件在行权时便无须纳税,在出售行权获得的股票时缴纳资本利得税;非法定型期权的持有人在行权时需就股票价格高于行权价格的部分缴纳薪酬税,在出售行权获得的股票时就售价高于行权日股票市价的部分缴纳资本利得税。按照授予日是否固定,分为授予日固定的股票期权和授予日不固定的股票期权。同时,西方国家的股票期权按照行权价格与授予日股票市价的关系,可分为折价期权(in-the-money)、平价期权(at-the-money)以及溢价期权(out-the-money)三种。

计划备案申请材料之日起 20 个工作日内未提出异议的,上市公司可以发出召开股东大会的通知,审议股权激励计划。(7)股东大会表决通过股权激励计划后,授权董事会实施股权激励计划。

与以前阶段股权激励仅需公司内部股东大会审议通过即可实施不同,由于规范发展的股权激励刚刚起步,为了严格规范,股权激励计划必须经中国证监会的无异议备案(若为国有控股上市公司,还必须经国资委批准)后方可提交股东大会进行审议。

7. 股权激励相关信息的披露

首先,董事会审议通过股权激励计划草案 2 个工作日内,披露公告董事会决议、股权激励计划草案摘要、独立董事意见。

其次,上市公司应在定期报告中披露报告期内股权激励计划的实施情况,包括报告期内激励对象的范围;报告期内授出、行使和失效的权益总额;至报告期末累计已授出但尚未行使的权益总额;报告期内授予价格与行权价格历次调整的情况以及经调整后的最新授予价格与行权价格;董事、监事、高级管理人员各自的姓名、职务以及在报告期内历次获授和行使权益的情况;因激励对象行权所引起的股本变动情况;股权激励的会计处理方法。

第三,上市公司应当按照有关规定在财务报告中披露股权激励的会计处理方法。

通过规范股权激励相关信息的及时披露,可以避免经理人作为公司"内部人",通过内幕交易等不法手段操纵股权激励条款以牟利。

2006 年 9 月 30 日,国务院国有资产监督管理委员会和财政部颁布《国有控股上市公司(境内)实施股权激励试行办法》,在激励对象范围、股票来源、激励额度、授予价格、禁售期及解锁期、申报程序等方面作出更为严格的规定,很好地补充了《上市公司股权激励管理办法》(试行),成为国有控股上市公司实施股权激励的纲领性指导文件。

第一,激励对象原则上限于上市公司董事、高级管理人员以及对上市公司整体业绩和持续发展有直接影响的核心技术人员和管理骨干。上市公司监事、独立董事以及由上市公司控股公司以外的人员担任的外部董事,暂不纳入股权激励计划。

第二,为规避国有资产的流失,实施股权激励计划所需标的股票来源,可以根据本公司实际情况,通过向激励对象发行股份、回购本公司股份及法律、法规允许的其他方式确定,不得由单一国有股股东支付或擅自无偿量化国有股权。

第三,推出股权激励的国有控股上市公司外部董事(含独立董事)必须占董事会成员半数以上;薪酬委员会由外部董事构成,且薪酬委员会制度健全,议事规则完善,运行规范;内部控制制度和绩效考核体系健全,基础管理制度规范,建立符合市场经济和现代企业制度要求的劳动用工、薪酬福利制度及绩效考核体系。

第四,激励额度应结合上市公司股本规模的大小和股权激励对象的范围、股权激励水平等因素,在 0.1%—10% 之间合理确定。而且上市公司首次实施股权激励计划授予的股权数量原则上应控制在上市公司股本总额的 1% 以内。

第五,授予(行权)价格不仅仅针对股票期权,还包括限制性股票,都要求不低于下列价格较高者:(1)股权激励计划草案摘要公布前一个交易日的公司标的股票收盘价;(2)股权激励计划草案摘要公布前 30 个交易日内的公司标的股票平均收盘价。

第六,在股权激励计划有效期内,应采取分次实施的方式,每期股权授予方案的间隔期应在一个完整的会计年度以上。而且每期授予的股票期权,均应设置行权限制期和行权有效期,并按设定的时间表分批行权:行权限制期原则上不得少于 2 年,在行权有效期内原则上采取匀速分批行权办法。对于每期授予的限制性股票,禁售期不得低于 2 年;禁售期满,根据股权激励计划和业绩目标完成情况确定激励对象可解锁(转让、出售)的股票数量;解锁期不得低于 3 年,在解锁期内原则上采取匀速解锁办法。

第七,在股权激励计划有效期内,高级管理人员个人股权激励预期收益水平,应控制在其薪酬总水平(含预期的期权或股权收益)的 30％以内。

第八,上市公司国有控股股东在股东大会审议批准股权激励计划之前,应将上市公司拟实施的股权激励计划报履行国有资产出资人职责的机构或部门审核(控股股东为集团公司的由集团公司申报),经审核同意后提请股东大会审议。国有控股股东申报的股权激励报告应包括以下内容:(1)上市公司简要情况,包括公司薪酬管理制度、薪酬水平等;(2)股权激励计划和股权激励管理办法等应由股东大会审议的事项及其相关说明;(3)选择的期权定价模型及股票期权的公平市场价值的测算、限制性股票的预期收益等情况的说明;(4)上市公司绩效考核评价制度①及发展战略和实施计划的说明等。

2.1.2 股权激励成熟推广期的补充性政策

2008 年 3 月 17 日,中国证监会上市监管部公布《股权激励有关事项备忘录 1 号》和《股权激励有关事项备忘录 2 号》。

《备忘录 1 号》和《备忘录 2 号》明确股权激励对象,即上市公司监事会应当对激励对象名单予以核实,并将核实情况在股东大会上予以说明。为确保上市公司监事独立性,充分发挥其监督作用,上市公司监事不得成为股权激励对象。同时,持股 5％以上的主要股东或实际控制人原则上不得成为激励对象。除非经股东大会表决通过,且股东大会对该事项进行投票表决时,关联股东须回避表决。另外,激励对象不能同时参加两个或两个以上上市公司的股权激励计划。

针对少数上市公司提取激励基金资助激励对象行权的问题,《备忘录 1 号》作出相关规定:以定向增发方式取得股票,则提取激励基金应符合现行法律法

---

① 绩效考核评价制度应当包括岗位职责核定、绩效考核评价指标和标准、年度及任期绩效考核目标、考核评价程序以及根据绩效考核评价办法对高管人员股权的授予和行权的相关规定。

规、会计准则,并遵守公司章程及相关议事规程,提取的激励基金不得用于资助激励对象购买限制性股票或者行使股票期权,进一步保障中小股东的利益。除此之外,《备忘录1号》还对行权指标作进一步规范,公司设定的行权指标原则上不得低于历史业绩水平。

《备忘录2号》对股权激励与重大事件间隔期问题作了详细规定。上市公司披露股权激励计划草案至股权激励计划经股东大会审议通过后30日内,上市公司不得进行增发新股、资产注入、发行可转债等重大事项。该条款通过设定窗口期,旨在防范上市公司高管利用内幕消息获取非法收益。

同时,《备忘录2号》叫停大股东向激励对象赠予(或转让)股份的行为。规定股东需先将股份赠予(或转让)上市公司,然后由上市公司将股份授予激励对象。该条款旨在防范大股东向高管层的利益输送,大股东向激励对象折价转让(甚至无偿赠予)股份的行为在之前的激励方案中并不鲜见。

2008年9月16日,距公布1、2号备忘录仅4个月,中国证监会上市监管部公布《股权激励有关事项备忘录3号》。《备忘录3号》在《备忘录1号》的基础上,再次提高行权业绩标准。《备忘录3号》规定,上市公司股权激励计划应明确,股票期权等待期或限制性股票锁定期内,各年度归属于上市公司股东的净利润及归属于上市公司股东的扣除非经常性损益的净利润,均不得低于授予日前最近三个会计年度的平均水平且不得为负。这意味着,一旦上市公司作出股权激励计划,要确保公司业绩的成长性,如果在较长的期权等待期或锁定期内,上市公司出现业绩波动,达不到上述要求,上市公司的股权激励计划将面临监管政策带来的很大不确定因素。《备忘录3号》还要求,在股权激励变动或撤销上,上市公司应通过董事会审议,如果撤销股权激励计划或董事会审议未通过的,半年内董事会不得再审议或披露股权激励计划草案。在会计处理上,《备忘录3号》要求上市公司应在股权激励计划中明确说明股权激励会计处理方法,测算并列明实施股权激励计划对各期业绩的影响。这也是针对之前海南海药和伊利股份因股权激励导致业绩亏损的现象作出的新规定。

除了证监会的几个备忘录,国有控股上市公司实施股权激励还要面临国资委的严厉监管。2008 年 12 月 11 日,国务院国资委和财政部联合颁布《关于规范国有控股上市公司实施股权激励制度有关问题的通知》。《通知》中对严格股权激励的实施条件、完善业绩考核体系、合理控制收益水平和强化计划管理提出更高要求,反映了国资监管部门对国有控股上市公司实施股权激励的谨慎态度。《通知》规定,国有控股上市公司提出股权激励方案必须完善股权激励业绩考核体系,科学设置业绩指标和水平:业绩考核指标应包含反映股东回报和公司价值创造等综合性指标,反映公司赢利能力及市场价值等成长性指标,反映企业收益质量的指标;上述三类业绩考核指标原则上至少各选一个。授予的业绩条件,应不低于公司近三年平均业绩水平及同行业(或选取的同行业境内、外对标企业,行业参照证券监管部门的行业分类标准确定)平均业绩(或对标企业 50 分位值)水平。行权的业绩条件,在授予时业绩水平的基础上有所提高,并不得低于公司同行业平均业绩(或对标企业 75 分位值)水平。凡低于同行业平均业绩(或对标企业 75 分位值)水平以下的不得行使。《通知》还对此前出现的高管"天价"的行权收益作出约定,规定在行权有效期内,激励对象股权激励预期收益不得高于本期股票期权(或股票增值权)授予时薪酬总水平的 30%。行权实际收益占授予时薪酬水平的最高比重,境内上市公司及境外 H 股公司原则上不得超过 40%,境外红筹公司原则上不得超过 50%。股权激励实际收益超出上述比重的,尚未行权的股票期权(或股票增值权)不再行使。

2.1.3　股权激励所得的配套税务处理政策

2009 年,财政部、国税总局相继出台《关于股票增值权所得和限制性股票所得征收个人所得税有关问题的通知》和《关于上市公司高管人员股票期权所得缴纳个人所得税有关问题的通知》。2009 年 8 月 24 日,国税总局进一步出台《国家税务总局关于股权激励有关个人所得税问题的通知》。至此,上市公司股权激励相关法规已臻成熟。

股票增值权被授权人获取的收益,是由上市公司根据授权日与行权日股票差价乘以被授权股数,直接向被授权人支付的现金。上市公司应于向股票增值权被授权人兑现时依法按照"工资、薪金所得"项目扣缴其个人所得税。

上市公司实施限制性股票计划的,应以被激励对象限制性股票在中国证券登记结算公司(境外为证券登记托管机构)进行股票登记日期的股票市价(指当日收盘价,下同)和本批次解禁股票当日市价(指当日收盘价,下同)的平均价格乘以本批次解禁股票份数,减去被激励对象本批次解禁股份数所对应的为获取限制性股票实际支付的资金数额,其差额为应纳税所得额,依法按照"工资、薪金所得"项目扣缴其个人所得税。

对于上市公司实施股票期权计划的,股票期权形式的工资薪金所得可区别于所在月份的其他工资薪金所得,单独按下列公式计算当月应纳税额:

应纳税额=(股票期权形式的工资薪金应纳税所得额/规定月份数×适用税率-速算扣除数)×规定月份数

公式中的规定月份数,是指员工取得来源于中国境内的股票期权形式工资薪金所得的境内工作期间月份数,长于 12 个月的,按 12 个月计算。员工将行权后的股票再转让时获得的高于购买日公平市场价的差额,是因个人在证券二级市场上转让股票等有价证券而获得的所得,应按照"财产转让所得"现行税法和政策规定免征个人所得税。即个人将行权后的境内上市公司股票再行转让而取得的所得,暂不征收个人所得税;个人转让境外上市公司的股票而取得的所得,应按税法的规定计算应纳税所得额和应纳税额,依法缴纳税款。

2.1.4 "试行办法"脱帽为"办法"

在对《上市公司股权激励管理办法》(试行)运行 10 年来的上市公司股权激励实践进行总结的基础上,遵循市场化改革的总体原则和简政放权、宽进严管的理念,证监会形成《上市公司股权激励管理办法》(征求意见稿),并于 2015 年

12 月 18 日至 2016 年 1 月 17 日向社会公开征求意见。就意见集中的股权激励实施条件、激励对象范围、激励规模比例、考核评价机制、股票定价机制、实行股权激励、授权、行权的时间窗口、强化中介机构的监督把关作用以及完善不当利益回吐机制等方面进行了处理，本着以信息披露为中心，根据宽进严管的监管理念，放松管制、加强监管，逐步形成公司自主决定的、市场约束有效的上市公司股权激励制度的总体原则，最终于 2016 年 7 月 13 日发布《上市公司股权激励管理办法》（以下简称"正式办法"）。与原来的《上市公司股权激励管理办法》（试行）相比，"正式办法"具有以下主要内容：

1. 对信息披露作专章规定，强化信息披露监管

基于以信息披露为中心的监管理念，为减少股权激励实施过程中的信息不对称，强化市场约束机制，"正式办法"对信息披露作专章规定，细化了对信息披露的时间、内容及程序等方面要求。如，激励方案的首次公告，应披露方案的基本要素设置，旨在让投资者人了解股权激励的目的、对象、业绩条件、合规性等；在定期报告中要求披露股权激励的执行情况、高管薪酬与公司业绩的对比等，便于投资者了解股权激励实施效果；在执行过程中的临时披露，则突出披露的及时性，如加强对股权激励方案实施失败及取消等异常行为原因的信息披露。此外，对于信息披露的细化规定，拟要求交易所制定配套信息披露指引。

2. 进一步完善实行（参与）股权激励的条件

一是完善不得实行股权激励与不得参与股权激励的负面清单。根据近些年来实践的发展，结合优化投资者回报机制的要求，以及证券期货诚信建设、对违法失信责任主体实施联合惩戒的相关要求，"正式办法"将上市公司规范运作程度、积极回报投资者能力作为重点考量条件，并围绕这些因素明确上市公司不能实行股权激励（五种情形）和个人不得成为激励对象（六种情形）的负面清单。

二是结合市场各方诉求，进一步明确激励对象的范围。其一，明确监事不

得成为激励对象。其二,明确境内工作的外籍员工可成为激励对象。

3. 深化市场化改革,进一步赋予公司自治和灵活决策空间

针对现有的激励条件、定价等核心因素规定较为刚性,上市公司自主灵活性不足的问题,"正式办法"放宽限制,进一步赋予公司自治和灵活的决策空间。一是取消公司业绩指标不低于公司历史水平且不得为负的强制性要求,原则性规定相关指标应客观公开,符合公司的实际情况,有利于公司竞争力的提升。二是对授予价格、行权价格不作强制性规定,仅作原则性要求,鼓励公司从本身价值出发灵活选取定价方式,给予公司更多的灵活空间。在定价的原则性要求中,适当增加了授予价格、行权价格的定价时间窗口基准,增加价格弹性,充分发挥市场主体的自主权。同时强化信息披露监管,要求公司在股权激励计划中对授予价格、行权价格的定价依据及定价方式作出详细说明。三是取消有关股权激励与其他重大事项 30 日间隔期的规定,明确上市公司启动及实施增发新股、并购重组、资产注入、发行可转债、发行公司债券等重大事项与股权激励计划不相互排斥。此外,"正式办法"还放宽了对预留权益的限制,将该比例由10%提高至 20%。

4. 完善限制性股票与股票期权相关规定

首先是细化了限制性股票相关规定:其一,完善对限制性股票授予价格的规定,将来源于定向发行的与来源于回购的限制性股票定价原则相统一。其二,要求在限制性股票有效期内应当分期解除限售,各期解除限售的比例不得超过激励对象获授限制性股票总额的 50%,以体现长期激励效应。其三,规定限制性股票在解除限售前不得转让、用于担保或偿还债务。其四,规定上市公司应当回购尚未解除限售的限制性股票,并按照《公司法》的规定进行处理。

其次是明确股票期权的行权期和行权比例要求。"正式办法"明确应当分期行权,后一行权期的起算日不得早于前一行权期的届满日,且各行权期的行权比例不得超过激励对象获授股票期权总额的 50%,以增加股票期权的长期激

励效应。

5. 完善股权激励计划的实施与决策程序规定

首先，增加对授予条件、行权条件是否成就评判的规定，要求独立董事、监事会、律师事务所对授予条件、行权条件是否成就明确发表意见并充分披露。

其次，细化分次授权、分期行权的考核条件与执行要求。明确分次授出权益或分期行使权益的，应当就每次授权、行权分别设定条件；当期条件未成就的，不得授权或行权，也不得递延至下期授权或行权。

第三，进一步规范上市公司变更、终止实施股权激励的行为，明确股权激励计划经股东大会审议前可变更，且变更需经董事会审议通过，同时规定不得变更的情形；规定股权激励计划提交股东大会审议前拟终止实施的须经董事会审议通过，股权激励计划经股东大会审议通过之后终止实施的须由股东大会审议；明确股权激励终止实施后 3 个月内不得再次审议股权激励计划。

此外，还增加对实施程序的规范性要求，强化程序公正。如明确审议股权激励计划时关联董事、关联股东回避表决，增加股权激励计划在上市公司内部公示的规定，突出中小投资者保护，尤其是中小投资者在股权激励中的意愿表达机制和话语权等内容。

6. 加强事后监管，强化内部问责与监督处罚

一是完善公司内部问责与不当利益回吐机制。"正式办法"增加上市公司与激励对象以协议约定，完善相关不当利益的回吐机制；将不得实施（参与）股权激励的负面清单情形与终止实施（参与）股权激励的情形前后衔接一致，增加对股权激励实施过程中违法失信行为的追责机制；明确上市公司对股权激励相关责任追究的程序性规定，为董事、监事、高管人员及股东实现不当利益追偿提供制度保障，降低相关违法违规问题发生的风险。

二是细化对股权激励相关违法违规行为的监管与处罚规定。首先，规定上市公司股权激励不符合相关规定或上市公司未按照"正式办法"、股权激励计划的规

定实施股权激励的,上市公司应当终止实施股权激励,中国证监会及其派出机构责令改正。其次,对于上市公司未按规定披露股权激励相关信息或出现虚假陈述的,上市公司独立董事及监事未按照办法及相关规定履行勤勉尽责义务的,证券服务机构和人员未履行勤勉尽责义务、所发表的专业意见存在虚假陈述的,均规定可以采取监管措施、依法予以处罚或追究刑事责任等。此外,还规定对于利用股权激励进行内幕交易或者操纵证券市场的违法行为,依法予以处罚或追究刑事责任。

图 2-2 展示了股权激励进行有法可依阶段后的完善和发展进程。

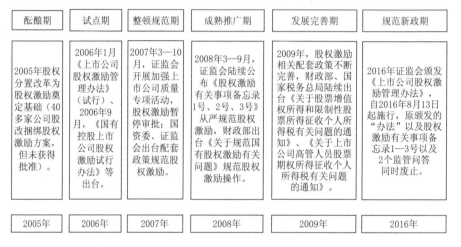

酝酿期	试点期	整顿规范期	成熟推广期	发展完善期	规范新政期
2005年股权分置改革为股权激励奠定基础（40多家公司股改捆绑股权激励方案,但未获得批准）。	2006年1月《上市公司股权激励管理办法》（试行）、2006年9月,《国有控股上市公司股权激励试行办法》等出台。	2007年3—10月,证监会开展加强上市公司质量专项活动,股权激励暂停审批;国资委、证监会出台配套政策规范股权激励。	2008年3—9月,证监会陆续公布《股权激励有关事项备忘录1号、2号、3号》从严规范股权激励,财政部出台《关于规范国有股权激励有关问题》规范股权激励操作。	2009年,股权激励相关配套政策不断完善,财政部、国家税务总局陆续出台《关于股票增值权所得和限制性股票所得征收个人所得税有关问题的通知》、《关于上市公司高管人员股票期权所得征收个人所得税有关问题的通知》。	2016年证监会颁发《上市公司股权激励管理办法》,自2016年8月13日起施行,原颁发的"办法"以及股权激励有关事项备忘录1—3号以及2个监管问答同时废止。
2005年	2006年	2007年	2008年	2009年	2016年

图 2-2　中国上市公司股权激励政策完善与发展进程

概言之,股权激励的政策在 2006—2008 年处于摸索制定阶段,证监会于 2007 年 3 月发出《开展加强上市公司治理专项活动有关事项的通知》,在上市公司中开展加强上市公司治理专项活动。《通知》对于已经实施或者拟实施股权激励的上市公司,还提出开展公司治理专项活动的时间要求,将上市公司治理水平作为股权激励等审批事项的前提条件或重点关注事项。在此基础上,证监会先后出台 3 个股权激励备忘录以规范上市公司的股权激励;国资委也针对国有企业颁布《关于规范国有控股上市公司实施股权激励有关问题的补充通知》,对国有控股上市公司股权激励条件进行规范;财政部对股权激励的会计处理进行了规范。到 2009 年,与股权激励配套的税收法规基本完善,股权激励进入相对稳定的发展完善期。2016 年 7 月 13 日,证监会在对《上市公司股权激励管理办法》(试行)进行充分完善的基础上,发布《上市公司股权激励管理办法》,自 2016 年 8 月 13 日起施行,《办法》(试行)以及股权激励有关事项备忘录 1 至 3 号以及 2 个监管问答同时废止。

2.2 中国上市公司股权激励概况

2.2.1 股权激励计划披露情况

从 2006 年 1 月 1 日执行证监会颁发的《上市公司股权激励管理办法》(试行)至 2016 年 12 月 31 日,中国 A 股资本市场中的上市公司共计披露 1 372 份股权激励计划(见表 2-3)。

表 2-3 股权激励计划执行情况

	2006 年	2007 年	2008 年	2009 年	2010 年	2011 年	2012 年	2013 年	2014 年	2015 年	2016 年
披露数	38	10	68	14	62	146	141	185	210	225	273
其中:预案	1	1	3	0	2	4	2	3	4	8	12
股东大会通过	0	0	1	0	0	2	0	0	0	1	15
已授予	24	3	17	6	41	78	113	163	194	189	243
取消	13	6	47	8	19	62	26	19	12	27	3

资料来源:根据 WIND 数据系统自行整理。

2005 年 12 月 31 日,《上市公司股权激励管理办法》(试行)出台,标志着我国 A 股资本市场上市公司股权激励结束了破冰之旅。与此同时,2006 年国有企业股份制改革取得重大进展,各地以产权改革为突破口,积极引进战略投资者,通过增资扩股、并购重组等多种方式,加大了改制力度。与国企的产权改革相伴而生的便是各级国资委出资人定位的明晰、国企管理层由行政官员向经理人的转化。截至 2006 年 8 月底,各级国资委和所出资企业控股的境内上市公司 777 家,占全部境内上市公司总数的 55.82%;股本总额 6 021 亿股,占全部境内上市公司股本总额的 40.92%。国有控股公司擎起现有 A 股资本市场上市公司的半壁江山。因此,2006 年 9 月,国资委及财政部联合颁发的《国有控股上市公司(境内)实施股权激励试行办法》,标志着股权激励将成为国有上市公司不断完善企业内部竞争和激励约束机制的重要途径之一。在政策出台的股权激励"元年",A 股上市公司共计推出 38 份股权激励计划。由于证监会于 2007 年 3 至 10 月开展加强上市公司治理专项活动,对治理结构存在严重缺陷以及对问题拒不整改的上市公司,证监会将不受理其股权激励申报材料。上市公司治理专项活动开展期间,股权激励的暂停审批,导致在整个 2007 年的前三个季度,鲜有股权激励方案公布。直到 2007 年最后一个月,随着公司治理专项活动的结束,以中化国际、中粮地产为首的部分企业率先推出股权激励方案,打破了 2007 年中国股权激励市场的沉默,随后金螳螂、太阳纸业、烽火通信、报喜鸟、海油工程、新湖中宝、华海药业等多家上市公司也推出自己的方案。整体而言,2007 年全年仅披露了 10 份股权激励计划预案。

随着中国股权激励政策的成熟,股票估值水平回归理性,2008 年深沪两市共有 68 份股权激励计划披露。但是,从 2007 年年末开始,上证综指和深证成指就开始显现出"倒 V 形"后半部的下滑走势。进入 2008 年,指数仍延续了这一走势。上证综指全年跌幅超过 65%,在全球股市指数跌幅排名第 13,在主要股市指数中跌幅排名第 1。不少在指数高位时推出股权激励计划的公司股价已经跌破期权行使价格。在这种境况之下,激励对象的预期收益大幅缩水,引发 47 份 2008 年推出的股权激励计划最终以取消收场。

2009 年,"动荡、衰退、重构"构成全球经济的关键词。在受全球金融危机影响,中国经济增长速度放缓的大背景下,2009 年推出股权激励计划的数量有所减少,全年仅有 14 份股权激励计划推出。究其原因,主要受以下两个因素的影响。首先,由美国次债危机引发的全球金融危机在 2009 年继续影响着中国的实体经济,微观经济体受宏观经济影响而产生的业绩水平的下降使得国有控股上市公司很难满足"增长且不低于前三年的业绩平均水平"这样严格的股权激励实施的业绩条件,导致 2009 年中国国有控股上市公司实施股权激励的数量减少。其次,股权激励将大幅提高上市公司高管的收入,在经济增长放缓、就业率下降的特殊时期,中国"不患寡而患不均"的文化积淀导致的舆论压力必然传导到公司决策者以及监管部门,给上市公司股权激励的实施带来空前的压力,减缓股权激励的推进速度。

在国家宏观政策的引导下,2010 年起国民经济保持回升向好的势头。上市公司实施股权激励数量开始呈现井喷式增长,每年股权激励计划的披露数均在 100 份以上;2014 年起每年的股权激励计划的披露数均达到 200 份以上。

整体而言,2006 年至 2016 年已披露的 1 372 份股权激励中,仍处于董事会预案阶段的为 40 份;处于股东大会通过但尚未形成首次授予的为 19 份;已有董事会完成向激励对象的授予,处于真正实施阶段的为 1 071 份;由于各种原因,被取消的为 242 份。

2.2.2 股权激励方式的选择

按照股权激励相关法规的规定,当前上市公司进行股权激励的方式主要有限制性股票、股票期权以及股票增值权三类。股票增值权最终是以现金结算,限制性股票和股票期权都是以权益结算的股份支付,但两者存在细节上的差异。

限制性股票指上市公司按照预先确定的条件授予激励对象一定数量的本公司股票,激励对象须在实施股权激励之初的授予日按照授予价格支付现金获得上市企业股票。此后,激励对象只有在经过禁售期后,业绩目标符合股权激励计划规定条件的,才可解锁限制性股票并从在证券市场上出售解锁的限制性股票实现股权激励薪酬。而股票期权是上市公司授予激励对象在一定期限内以一种事先约定的价格购买公司普通股的权利。在此激励方式下,激励对象只享有行权获利的权利,不需要承担必须行权的义务,而且在授予日不需支出任何现金,要到未来可行权日后实际行权时才需按照行权价格支付现金。股票期权存在等待期,等待期满可进入行权期,达到相应业绩标准即可分次行权。获得股票期权激励的高管在行权购入股票后,股票的出售、转让将不会受到限制。股票增值权和股票期权类似,都是期权金融工具在企业激励中的应用,赋予激励对象未来风险收益获取的权利。当市场价格高于激励对象的行权价格时,激励对象可以行权获得收益,否则,激励对象可以放弃行权,避免损失。与股票期权不同的是,在股票增值权激励方式下,激励对象享有的是以现金结算的二级市场股价和行权价格之间的差价收益,激励对象不实际拥有股票,也不拥有股东表决权、配股权、分红权。

当股东限于交易成本的高昂以及信息、才能、经验与知识的缺乏,只好授权经营管理者来进行企业投资项目和融资机会的选择时,经营管理者的行动将不仅影响企业剩余的均值,而且直接影响企业剩余的方差(σ^2),即企业风险与经营管理者行动具有内生性。按照传统委托代理理论的假设,股东(委托人)由于资金投资的可分散性可以分散投资风险,一般被假定为风险中性,而经营管理者(代理人)由于人力资本的专属投资无法通过分散投资而分散风险,则是被假定为风险厌恶型的。这就使得对经营管理者的激励机制的设计不仅仅是激励其努力工作,还需减轻或解决风险厌恶型经理人受其行动影响的 σ^2 低于股东期望水平的问题,这就需要设计经营管理者的薪酬不再应仅是企业剩余的线性函数,而应是企业剩余的凸函数。①限制性股票激励下管理层的股权激励薪酬与企业剩余之间为线性函数关系,而股票期权激励下管理层的股权激励薪酬与企业剩余之间为凸函数关系,因此,采用股票期权激励

---

① 当薪酬为企业剩余的凸函数时,若经理人选择提高 σ^2,一方面其预期薪酬会因之而提高,经理人效用会提高,即财富效应;但另一方面由于经理人的效用为凹函数,σ^2 及薪酬的风险性的提高会令经理人的效用下降,即风险厌恶效应。财富效应减去风险厌恶效应就构成了该薪酬对经理人的私人价值。当薪酬为企业剩余的线性函数时,薪酬不会随着企业剩余的 σ^2 变动而变动,即财富效应为零。

方式可以改变管理层对风险的厌恶程度,更能激励风险厌恶型管理层按照股东的风险承受能力进行生产经营和财务决策(Ross, 2006; Panousi et al., 2012)。

瓜伊(Guay, 1999)以当给定某一股票回报波动率(stock-return volatility)的变动时经理人股票期权报酬的变动金额,即 $\partial(B-S \text{价值})/\partial\sigma$ 来计算股票期权的报酬—业绩敏感度。他利用从标准普尔公司的 Compustat 数据库中 1988 年 12 月 31 日市值最大的 1 000 家公司中筛选出 278 家公司 CEO 在 1993 年 12 月 31 日的持股、限制性股票与持有的股票期权以及他们 1993 年的现金报酬数据进行研究分析,发现股票期权,而非持有普通股,能显著增加经理人报酬—业绩敏感度。费尔特曼和吴(Feltham & Wu, 2001)构造了一个最优模型,假设一种模型包含股票期权,另一种包含限制性股票,进行对比分析。结果发现,当经营管理者的行动只影响产出的均值时,限制性股票合约优于股票期权合约;当经营管理者的行动不仅影响产出的均值,而且还影响产出的方差时,限制性股票合约不再是必需的最优合约。里杰德·A.兰博特和戴维·F.拉克(Richard A.Lambert & David F.Lacker, 2004)对费尔特曼和吴(Feltham & Wu, 2001)模型中所使用的经营管理层期望效用函数为其努力程度的凹函数进行了修订,假设模型中不仅分别含有限制性股票和股票期权,还可同时存在于模型中,他们发现:以不同形式激励同一既定的努力程度时,激励成本是股票期权执行价格的减函数,股票激励是执行价格为零的期权激励的特殊情形,所以股票激励方式是成本最高的激励方式。这些以西方国家相对成熟的资本市场中上市公司为研究对象的经验证据都支持股票期权激励方式优于限制性股票激励形式。在西方国家,股票期权激励方式大行其道,大多数企业的股权激励也的确是以股票期权的方式进行的。根据表 2-4 的统计结果来看:2006 年至 2016 年,从披露的股权激励计划中采用股票期权激励方式的比例分别为 68.42%、80%、77.94%、85.71%、69.35%、66.44%、53.90%、44.32%、

34.29％和24.44％。在股权激励"元年"至2009年,上市公司对股票期权激励方式的偏好逐年增加,这与传统委托代理理论下得出的股票期权激励方式更优和西方国家更偏好采用股票期权的股权激励实践经验相一致。但是,从2010年起,上市公司对股票期权激励方式的偏好逐年降低,越来越倾向于选择限制性股票激励方式。从2012年起,限制性股票已经成为50％以上的公司首选的股权激励方式。

表2-4 股权激励方式选择汇总

年　度	激励方式	披露数	比　例	实施	股东大会通过	预案	取消
2006	股票期权	26	68.42％	15	0	0	11
	限制性股票	11	28.95％	8	0	1	2
	股票增值权	1	2.63％	1	0	0	0
	合　计	38	100.00％	24	0	1	13
2007	股票期权	8	80.00％	1	0	1	6
	限制性股票	2	20.00％	2	0	0	0
	股票增值权	0	0.00％	0	0	0	0
	合　计	10	100.00％	3	0	1	6
2008	股票期权	53	77.94％	11	0	2	40
	限制性股票	13	19.12％	4	0	2	7
	股票增值权	2	2.94％	2	0	0	0
	合　计	68	100.00％	17	0	4	47
2009	股票期权	12	85.71％	5	0	0	7
	限制性股票	2	14.29％	1	0	0	1
	股票增值权	0	0.00％	0	0	0	0
	合　计	14	100.00％	6	0	0	8
2010	股票期权	43	69.35％	24	0	2	17
	限制性股票	18	29.03％	16	0	0	2
	股票增值权	1	1.61％	1	0	0	0
	合　计	62	100.00％	41	0	2	19

（续表）

年　度	激励方式	披露数	比　例	实施	股东大会通过	预案	取消
2011	股票期权	97	66.44%	51	0	1	45
	限制性股票	44	30.14%	25	0	5	14
	股票增值权	5	3.42%	2	0	0	3
	合　计	146	100.00%	78	0	6	62
2012	股票期权	76	53.90%	52	0	1	23
	限制性股票	62	43.97%	59	0	1	2
	股票增值权	3	2.13%	2	0	0	1
	合　计	141	100.00%	113	0	2	26
2013	股票期权	82	44.32%	68	0	2	12
	限制性股票	103	55.68%	95	0	1	7
	股票增值权	0	0.00%	0	0	0	0
	合　计	185	100.00%	163	0	3	19
2014	股票期权	72	34.29%	64	0	3	5
	限制性股票	134	63.81%	127	0	1	6
	股票增值权	4	1.90%	3	0	0	1
	合　计	210	100.00%	194	0	4	12
2015	股票期权	55	24.44%	44	0	3	8
	限制性股票	167	74.22%	142	0	6	19
	股票增值权	3	1.33%	3	0	0	0
	合　计	225	99.99%	189	0	9	27
2016	股票期权	65	23.81%	58	3	4	0
	限制性股票	205	75.09%	182	11	9	3
	股票增值权	3	1.10%	3	0	0	0
	合　计	273	100.00%	243	14	13	3

资料来源:根据 WIND 数据系统自行整理。

这种股权激励方式选择偏好的变化,与近年来以美国为代表的西方成熟资本市场对股票期权的激励作用受到理论界和实务界的质疑相吻合。2003 年,世界著名的大公司通用和微软,也是使用股权激励的最大用户都宣布他们将停止对雇员授予期权,而改为授予限制性股票。根据德洛伊特·孔萨尔廷(Deloitte Consulting)于2005年7月对340家公共和私人公司的调查:其中75%的公司正在或已经减少对期权的授予量,89%的公共公司正在考虑对股权激励方式的选择,其中92%的公司认为限制性股票是首选。随后理论界对安然和世通的假账丑闻、美国上市公司的股票期权倒签丑闻潮以及2008年全球金融危机的归因研究也表明,管理层股票期权薪酬提供过度的风险激励(Armstrong et al.,2012)是这些丑闻和危机产生的重要原因。凯(Key et al., 2010)发现次级贷款证券化产品对应的基础资产(即银行的对外贷款)质量低劣是诱发美国次贷危机的主要原因之一,而金融机构高管股票期权激励与公司低质量贷款的提供呈显著的正相关。贝伯查克(Bebchuk et al., 2010)分析了贝尔斯登和雷曼兄弟两家公司2000—2008年的财务报表及高管薪酬结构,发现股票期权薪酬给予高管过度的风险激励(如过度依赖短期借款、过度投资)是导致公司破产的原因之一。从我国上市公司股权激励的实践来看,在经历了2006年至2009年的摸索后,也开始发现在我国的制度背景环境中,限制性股票是一种更具优越性的股权激励形式。

图2-3分年度进一步直观地显示了未实际实施[①]的股权激励计划占比的激励方式分布。整体而言,股票增值权激励的实际实施度最高;未实际实施的股票期权激励计划在各年度的占比均高于限制性股票激励计划。股票期权激励方式各年度实际实施度均为最低的现实情况也在一定程度上解释了上市公司对股票期权激励方式的偏好从2010年起逐年降低的原因。

---

① 按照我国股权激励指导性法规的规定,股权激励计划预案由公司董事会提出,经证监会无异议备案(国有控股上市公司的股权激励预案还需经国资委审核通过)后由公司股东大会审议通过,股东大会授权董事会对激励对象进行股权激励的授予,股权激励才算真正实施。在实施的过程中,公司还可能由于标的股票的市价低于未来的行权价无法起到激励的作用或其他原因取消了股权激励计划。

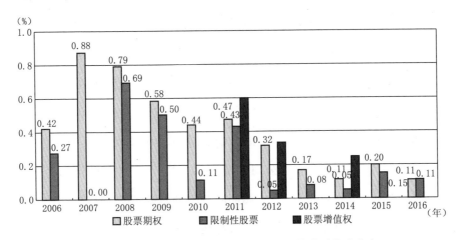

图 2-3　未实际实施的股权激励计划占比的激励方式分布

资料来源:根据 WIND 数据系统自行整理。

2.2.3　推行股权激励计划公司的控制人特征

中国上市公司所有权结构的特征是股权分散与股权集中并存。据 WIND 数据统计,截至 2016 年年末,A 股资本市场有 200 余家由于股权结构相对分散而导致无实际控制人的上市公司或实际控制人完全放权而被认定为潜在无实际控制人的上市公司。按照传统委托代理理论,无实际控制人的公司管理层代理问题更为突出,股东的有效监督力较弱。股权激励机制设计的初衷就是为了缓解股权分散的所有权结构下的管理层代理问题(Jensen & Meckling, 1976),因此,在此环境中,更需要通过股权激励的激励机制设计来弥补股东监督的不足,通过趋同经营管理层和股东的利益来减少管理层的自利行为带来的代理成本。但是,从表 2-5 Panel A 汇总的 2006—2016 年度 A 股资本市场中披露的 1 372 份股权激励计划对应的上市公司控制人特征来看,在我国 A 股资本市场的无实际控制人的上市公司中,仅有 24 份股权激励计划(占总披露数的1.75%)出自无实际控制人的上市公司,约占无实际控制人的上市公司数量的 10%。

在股权高度集中的有实际控制人的企业中,实际控制人从产权性质可划分为国有和非国有两大类,国有企业又包括中央国企和地方国企。截至 2016 年

12 月 31 日,中国 A 股资本市场共有 3 032 家上市公司,其中按照实际控制人产权性质属于国有控股上市公司的为 1 005 家,占整体上市公司数量的 33.15%;其中地方国有企业为 657 家,中央国有企业为 348 家。而根据表 2-5 Panel A 汇总的数据来看,1 372 份股权激励计划中,159 份由国有控股上市公司推出;整体而言,仅有约 15% 的国有控股上市公司推出股权激励计划。其中,83 份由中央国有企业推出(约占央企上市公司数量的 20%),76 份由地方国有企业推出(约占地方国企上市公司的 10%)。按照股权激励相关法规制度,国有控股上市公司推行股权激励所受的监管较非国有控股上市公司复杂。国有控股上市公司的股权激励预案,只有在获得国资委、证监会、财政部等监管机构的一致认可后,才能顺利推行。多方的繁琐的行政审批程序往往拖延了股权激励方案的推出时间,制约了股权激励推出的及时性。而且,对于国有控股上市公司而言,股权激励导致的新股定向增发可能会稀释国有股,造成国有资产流失。出于对国有资产保值的要求和现实中对国企高管"天价薪酬"社会舆论的考虑,国资委对国有控股上市公司股权激励程度作出限制,要求激励对象股权激励预期收益不得高于本期股票期权(或股票增值权)授予时薪酬总水平的 30%;行权实际收益占授予时薪酬水平的最高比重,境内上市公司原则上不得超过 40%。对股权激励薪酬的限制,不可避免地削弱股权激励发挥的激励效应,抑制国有控股上市公司推行股权激励的积极性。同时,国资委还对国有控股上市公司股权激励的考核指标进行限制,必须在反映股东回报的综合指标、公司盈利能力的成长指标,以及公司收益三大类考核指标中至少各选择一个执行,并且业绩目标要求不低于同行业平均水平。这项规定增大了国有控股上市公司股权激励计划推行后的行权(或解锁)难度,也在一定程度上抑制国有控股上市公司推行股权激励的积极性。

推行股权激励计划的上市公司的产权性质不同,对股权激励契约要素的选择偏好也存在差异。首先,股权激励方式的选择偏好不同。从表 2-5 Panel B 的统计结果来看,中央国企所披露的 83 份股权激励计划中,61.45% 采用的是股票期权激励方式;地方国企披露的 76 份股权激励计划中,52.63％采用的是股票期权激励方式。这表明,国有控股上市公司偏好于选择股票期权激励方式,而且中央国企对股票期权激励方式的偏好更强。在存在实际控制人的非国有上市公司披露的1 189份股权激励计划中,57.19％采用的是限制性股票方式;在不存在实际控制人的公司(实质也属于非国有控股上市公司)披露的 24 份股权激励计划中,62.5％选择的是限制性股票激励方式。这表明,非国有控股公司更偏好于限制性股票激励方式。其次,股权激励的水平和有效期的选择偏好也不尽相同。从表 2-5 Panel C的统计结果的均值来看,与国有控股上市公司相比,非国有上市公司的股权激励水平更高,有效期更短。在国有控股上市公司内部,与地方国企相比,中央国企的股权激励水平更高,股权激励的有效期更长。在非国有上市公司的环境中,在无实际控制人的公司中推行的股权激励水平更高,股权激励的有效期更短。

表 2-5　披露股权激励计划的上市公司的控制人特征

Panel A 年度分布

年度	有实际控制人			无实际控制人	合计
	中央国企	地方国企	非国有企业		
2006	5	6	24	3	38
2007	3	1	6	0	10
2008	12	10	45	1	68
2009	1	3	10	0	14
2010	5	5	51	1	62
2011	8	9	126	3	146
2012	7	2	132	0	141
2013	7	7	168	3	185
2014	17	8	181	4	210
2015	4	11	205	5	225
2016	14	15	240	4	273
合计	83	76	1 189	24	1 372

Panel B 激励方式分布

股权激励方式	有实际控制人			无实际控制人	合计
	中央国企	地方国企	非国有企业		
限制性股票	32	34	680	15	761
股票增值权	0	2	20	0	22
股票期权	51	40	489	9	589
合　　计	83	76	1 189	24	1 372

Panel C 股权激励水平和有效期描述性统计

	股权激励水平①				有　效　期			
	中央国企	地方国企	非国有企业	无实际控制人	中央国企	地方国企	非国有企业	无实际控制人
最大值	10.0	9.68	10.0	7.64	10	10	10	6
最小值	0.003 4	0.012	0.005 9	0.103 6	3	2	1	4
1/4 位	0.867 1	0.796 9	1.239 3	1.399 5	5	5	43	4
3/4 位	2.61	2.03	3.355	4.352 5	6	5	5	5
中值	1.004	0.999 1	2.184 5	2.49	5	5	4	4
均值	1.809 4	1.683 5	2.573 3	3.027	5.860 8	5.157 5	4.457 8	4.36
标准差	1.611 2	1.825 2	1.876 4	1.921 5	1.966	1.381 6	0.89	0.907 4

资料来源:根据 WIND 数据系统、国泰安数据系统,以及上市公司年报自行整理。

2.2.4　推行股权激励计划公司的行业特征

表 2-6 对推行股权激励计划公司的行业分布进行了统计。按照证监会的行业分类标准,截至 2016 年末,A 股资本市场 3 032 家上市公司涵盖 18 个行业。

---

① 股权激励水平,是指股权激励计划中披露的股权激励数量占公司总股本的比例。

表 2-6 Panel A 的汇总结果显示,行业属性也会对上市公司推行股权激励的偏好产生影响。

2006—2016 年 A 股资本市场披露的 1 372 份股权激励涉及所有上市公司 18 个行业(见表 2-6 Panel A),而且行业分布非常不均衡,主要集中在制造业,占 66.48%,信息技术业占 11% 和 13.92%,其余不到 10%。根据我国上市公司总体行业分布的情况,对披露股权激励的上市公司行业分布结合不同行业的特点进行分析,可以发现我国现阶段股权激励的行业分布特点:首先,采矿业、电力煤气及水的生产和供应业、交通运输、仓储和邮政业、建筑业、金融业、文化、体育和娱乐业、住宿和餐饮业以及综合业类的股权激励计划的披露数占股权激励披露总数的比例远低于上市公司总体中对应的行业分布比例。其次,信息传输、软件和信息技术服务业,卫生和社会工作业,信息技术业,水利、环境和公共设施管理业,科学研究和技术服务业,以及制造业类的股权激励计划的披露数占股权激励披露总数的比例高于上市公司总体中对应的行业分布比例。信息传输、软件和信息技术服务业共推出 191 份股权激励计划,占 A 股资本市场该行业 203 家公司的 94.08%;卫生和社会工作业共推出 6 份股权激励计划,占 A 股资本市场该行业 7 家公司的 85.71%;水利、环境和公共设施管理业共计推出 18 份股权激励计划,占 A 股资本市场该行业 32 家公司的 56.25%;科学研究和技术服务业共计推出 14 份股权激励计划,占 A 股资本市场该行业 27 家公司的 51.85%。这些行业更偏好于推行股权激励,与这些行业对智力资本的高渴求的现实相吻合。第三,从表 2-6 Panel B 的汇总数据中可以发现,推出股权激励计划的制造业集中在化学制造、电子元器件制造、医药生物制品制造、金属冶炼加工以及机械设备仪表制造等技术含量较高的制造业,而非食品、服装、纺织等技术含量较低的传统制造业。

表 2-6 披露股权激励计划的上市公司行业特征

Panel A 行业占比分布

行　　业	股权激励 计划披露数	占比 （%）	行业 公司数	占比 （%）
农、林、牧、渔业	18	1.31	45	1.48
采矿业	7	0.51	74	2.44
制造业	908	66.18	1 901	62.70
电力、热力、燃气及水的生产和供应业	13	0.95	96	3.17
建筑业	37	2.70	89	2.94
批发和零售业	50	3.64	156	5.15
交通运输、仓储和邮政业	12	0.87	87	2.87
住宿和餐饮业	2	0.15	11	0.36
信息传输、软件和信息技术服务业	191	13.92	203	6.70
金融业	1	0.07	66	2.18
房地产业	58	4.23	126	4.16
租赁和商务服务业	19	1.38	41	1.35
科学研究和技术服务业	14	1.02	27	0.89
水利、环境和公共设施管理业	18	1.31	32	1.06
居民服务、修理和其他服务业	0	0.00	0	0.00
教育	1	0.07	3	0.10
卫生和社会工作业	6	0.44	7	0.23
文化、体育和娱乐业	11	0.80	45	1.48
综合业	6	0.44	23	0.76
合计	1 372	100	3 032	100

Panel B 分年度行业分布

年度 行业	2006	2007	2008	2009	2010	2011	2012	2013	2014	2015	2016	合计
畜牧业	0	0	0	0	0	0	1	0	2	3	0	6
渔　业	0	0	0	0	0	1	0	1	1	1	0	4
林　业	0	0	1	0	0	0	0	0	0	0	0	1

（续表）

行业 \ 年度	2006	2007	2008	2009	2010	2011	2012	2013	2014	2015	2016	合计
农业	0	0	1	0	0	2	0	1	0	2	1	7
有色金属矿采选业	0	0	0	0	0	0	0	0	0	0	2	2
开采辅助活动	0	1	0	0	0	1	0	0	0	2	1	5
电气机械及器材制造业	2	1	5	1	5	16	20	19	20	22	22	133
计算机通信和其他电子设备制造业	6	1	7	4	13	18	17	23	30	25	42	186
化学原料及化学制品制造业	1	2	5	2	1	6	11	18	11	16	9	82
铁路、船舶、航空航天和其他运输设备制造业	1	0	1	0	0	2	0	4	3	0	4	15
汽车制造业	0	0	1	0	1	3	2	2	6	8	7	30
仪器仪表制造业	0	0	0	0	0	1	1	5	4	9	7	27
医药制造业	3	0	5	2	4	6	7	16	15	13	18	89
橡胶和塑料制品业	3	0	0	0	1	4	4	1	7	4	3	27
专用设备制造业	1	1	1	0	4	7	9	13	10	11	14	71
通用设备制造业	0	0	0	0	2	6	3	6	6	7	9	39
家具制造业	0	0	0	0	0	1	1	1	0	0	1	4
化学纤维制造业	0	0	0	0	0	0	0	1	3	1	4	9
造纸及纸制品业	1	1	0	0	0	1	0	2	1	1	1	9
皮革皮毛、羽毛及其制品和制鞋业	0	0	0	0	0	0	0	1	0	0	0	1
木材加工及木、竹、藤、棕、草制品业	0	0	2	0	0	0	0	2	1	0	2	7
酒、饮料和精制茶制造业	0	0	0	0	1	1	0	0	0	0	0	2
食品制造业	1	0	0	0	1	0	2	2	8	2	4	20
文教、工美、体育和娱乐用品制造业	0	0	0	0	0	2	0	0	3	0	1	6

行业＼年度	2006	2007	2008	2009	2010	2011	2012	2013	2014	2015	2016	合计
其他制造业	0	0	0	0	0	2	1	0	3	0	0	6
非金属矿物制品业	0	0	3	1	2	1	5	2	6	5	4	29
金属制品业	1	0	3	0	1	4	2	5	1	3	5	25
黑色金属冶炼及压延加工	1	0	3	0	0	0	1	0	1	0	0	6
有色金属冶炼及压延加工	0	0	1	0	0	1	3	0	2	5	2	14
石油加工、冶炼及核燃料加工业	0	0	0	0	0	0	0	1	1	0	0	2
纺织业	0	0	1	0	0	3	1	3	3	2	3	16
纺织服装、服饰业	2	0	1	0	4	2	5	2	0	3	2	21
农副食品加工业	0	0	4	0	0	5	1	5	2	2	6	25
印刷和记录媒体复制业	0	0	0	0	0	1	0	0	1	1	1	4
废弃资源综合利用业	0	0	0	0	0	0	0	1	0	0	2	3
电力、热力生产和供应业	2	0	0	0	0	0	1	0	2	0	0	5
水的生产和供应业	0	0	0	0	0	0	0	0	0	1	0	1
燃气生产和供应业	1	0	0	0	0	0	1	1	1	1	2	7
土木工程建筑业	0	0	1	0	0	2	1	4	2	1	6	17
建筑装饰和其他建筑业	1	0	2	0	2	4	1	1	2	3	4	20
批发业	1	0	1	0	1	2	4	2	5	2	1	19
零售业	1	1	3	0	4	4	0	5	3	6	4	31
装卸搬运与其他运输代理	0	0	0	0	0	0	0	1	2	0	0	3
物流运输业	0	0	0	0	0	0	0	0	0	0	1	1
道路运输业	0	0	0	0	0	0	0	0	0	0	2	2

（续表）

年度 行业	2006	2007	2008	2009	2010	2011	2012	2013	2014	2015	2016	合计
航空运输业	0	0	0	0	0	0	0	0	0	0	1	1
水上运输业	0	0	1	0	0	0	0	0	0	0	0	1
仓储业	0	0	0	0	0	0	1	2	0	0	1	4
餐饮业	0	0	0	0	0	2	0	0	0	0	0	2
互联网和相关服务	1	0	0	0	0	3	2	4	4	10	6	30
电信、广播、电视和 卫星传输服务	0	0	0	0	0	0	0	0	2	0	1	3
软件和信息 技术服务业	2	0	4	1	6	19	19	16	23	26	42	158
货币金融服务业	0	0	1	0	0	0	0	0	0	0	0	1
房地产业	4	2	9	3	6	7	6	3	0	12	6	58
商务服务业	0	0	0	0	0	1	1	2	3	5	6	18
租赁业	0	0	0	0	0	0	0	0	1	0	0	1
研究和实验发展	0	0	0	0	0	0	0	0	1	0	0	1
专业技术服务业	0	0	0	0	0	2	2	3	2	2	2	13
生态保护和环境 治理业	0	0	0	0	1	1	3	0	3	4	4	16
公共设施管理业	1	0	0	0	0	0	0	0	0	1	0	2
教育	0	0	0	0	0	0	0	0	0	0	1	1
卫生	0	0	0	0	0	1	0	3	1	0	1	6
新闻和出版业	1	0	0	0	0	0	0	0	0	2	2	5
文化艺术业	0	0	0	0	0	0	0	1	0	1	0	2
广播、电视、电影和 影视录音制作业	0	0	0	0	0	1	1	0	1	0	1	4
综合	0	0	1	0	1	0	1	0	1	0	2	6
总计	38	10	68	14	62	146	141	185	210	225	273	1 372

资料来源：根据 WIND 数据系统自行整理。

任何企业的发展周期一般都会经历初创期、成长期、成熟期和衰退期,在每个阶段股权激励的适用性不同。初创期和成长期,企业需要大量资金进行生产资料的投资,不可能支付给经营管理层很高的工资和奖金,但公司可以通过给予他们本公司的股权或期权来代替实际的现金支出,使他们通过在将来行使这一权利以获取较大的报酬。这一高水平的报酬是通过资本市场来实现的,企业没有任何净现金流出,并且在激励对象行权的时候还可能有行权资金流入企业,增加企业的净现金流入。所以,股权激励制度能减轻公司日常支付现金的负担,大量节省营运资金,有利于公司的财务运作,并且使激励对象利益与股东利益捆绑在一起。但是在衰退期,企业随时可能倒闭,经理人和市场对企业的信心不足,股票的市场价格很难持续上涨,经营管理层的股权激励薪酬在未来是否能实现以及实现的金额都不乐观,股权激励此时不能起到力挽狂澜的作用。我国上市公司采用股权激励的多集中在信息传输、软件和技术服务业,卫生和社会工作业,科学研究和技术服务业,技术含量较高的新兴制造业,与这些行业多处在初创或发展期以及需要大量现金投资的现金流和发展周期相吻合。

2.2.5 股权激励计划公司的股票来源

从国际惯例来看,企业股权激励计划中的股票,主要通过增发新股、回购本公司股票以及公司发行新股时预留一部分股票来实现。我国《公司法》对于公司发行股票时预留一部分作出了限制,因此,《办法》中规定上市公司可以根据本公司实际情况,通过向激励对象发行股份、回购本公司股份以及法律、行政法规允许的其他方式解决标的股票来源;对于法律、行政法规允许的其他方式主要是在股权激励进行前的股权分置改革中指定的由非流通股股东按一定对价转让的股票。

对于上述 1 372 份股权激励计划,22 份股票增值权最终以现金进行结算,不涉及股权激励的股票来源问题。其余的 1 350 份最终必须以权益结算的股权激励计划包括 761 份限制性股票激励计划和 589 份股票期权激励计划。589 份以股票期权作为激励方式的激励计划中 587 份股票期权对应的标的股票的来源均为定向增发股票,只有莱茵体育和通威股份 2 家公司披露的股票期权激励计划采用了股东转让股票作为其激励的股票来源;761 份采用限制性股票作为激励方式的激励计划中有 10 份激励股票来源为股东转让股票,34 份激励股票来源为二级市场已流通股票的回购。

表 2-7 股权激励股票来源

激励方式	股票来源	样本数	占比(%)
限制性股票 761 份	股东转让股票	10	1.31
	上市公司定向发行股票	717	94.22
	上市公司提取奖励基金买入流通 A 股	34	4.47
股票期权 589 份	上市公司定向发行股票	587	99.66
	股东转让股票	2	0.34
合　计		1 350	200.00

资料来源:WIND 数据系统自行整理。

向激励对象定向增发是当前权益结算的股权激励计划主要的股票来源渠道。在 2008 年 3 月 17 日证监会发布的《股权激励有关事项备忘录 2 号》中,明确指出股东不得直接向激励对象赠予(或转让)股份。股东拟提供股份的,应当先将股份赠予(或转让)上市公司,并视为上市公司以零价格(或特定价格)向这部分股东定向回购股份。而且必须在一年内将回购股份授予激励对象。由股东转让股票的行为对于国有上市公司而言涉及国有股权转让,需遵循相关法规的规定。12 份以该种途径实现股权激励股票来源的上市公司中,莱茵体育、泰合健康、华胜天成、凯迪生态、万业企业、通威股份、信雅达、新安股份、宜华生活为非国有控股公司,其控股股东在股权分置改革方案中承诺转让自身股票给管理层进行股权激励的行为不涉及国有股权的转让,不涉及国有资产的流失问题。深振业 A 和西藏城投均属于地方国有企业,它们承诺将其自身持有的股份转让给管理层进行股权激励涉及国有股权的转让,都违反了国资发产权〔2005〕

78号《企业国有产权向管理层转让暂行规定》。

2.3 本章小结

本章首先对我国股权激励政策变迁进行了简单的回顾,其次对股权分置改革后股权激励的现状进行了描述性统计。在披露了股权激励计划的上市公司中,股权激励方式的选择从前期对股票期权激励方式的偏好逐步转变为对限制性股票激励方式的偏好。股权激励的股票来源主要采用的是向激励对象定向发行股份,也有一些公司采用从二级市场上回购本公司股份以及股权激励进行前的股权分置改革中指定的由非流通股股东按一定对价转让的股票。披露股权激励的多为民营上市公司,国有上市公司因涉及国有资产的保值以及产权集中,管理层任命和流动受行政干涉,经营管理容易偏离市场规律而受行政指导等问题,股权激励比较谨慎。我国上市公司采用股权激励的多集中在信息技术业、房地产业和技术含量较高的新兴制造业,正是与这些行业目前多处在初创或发展期以及需要大量现金投资的现金流和发展周期相吻合。

本章的描述性统计还发现,推行股权激励的上市公司的控制权特征是存在差异的,而且不同控制权特征的上市公司对股权激励的微观契约要素选择(如股权激励方式、股权激励水平、股权激励有效期)也存在不同的选择偏好。不同的控制人特征的上市公司内部的控制权配置是存在差异的,不同的控制权配置会导致不同的公司内部治理特征,进而影响股权激励的设计动机。不同设计动机的股权激励,自然会产生不同的引导作用,这将对公司的非效率性投资行为产生异质影响。因此,本书将在后续部分进一步展开对股权激励设计动机——不同设计动机的股权激励对非效率性投资异质影响的研究。

3. 权力博弈与股权激励设计动机

——基于上海家化的案例分析

从第 2 章对推行股权激励计划公司的控制人特征的汇总可以看到,我国上市公司推行股权激励计划的内部控制权配置是存在差异的。在不存在实际控制人的企业,更容易出现经营管理层的权力主导;在存在实际控制人的企业,中央国企、地方国企以及非国有企业中控股股东与管理层的权力博弈最终形成的公司控制权配置也将不尽相同。按照"股权激励动机—传导路径—经济后果"的行为学研究思路,溯本追源,股权激励发挥的效应将取决于股权激励的设计动机。因此,本章首先剖析公司内部权力博弈所形成的控制权配置异质对股权激励设计动机的影响。

我国的股权激励契约由董事会提出预案,经相关监管部门无异议备案后,由股东大会审议。①股权激励契约的制定受到股东大会和董事会的共同影响,设计出的股权激励契约直接体现的是股权激励制定者的动机(吕长江等,2009、2014;吴育辉、吴世农,2010;王烨等,2012)。控股股东和管理层是企

---

① 按照规定,股权激励的实施程序为:(1)上市公司董事会下设的薪酬与考核委员会负责拟定股权激励计划草案。(2)薪酬与考核委员会拟订的股权激励计划草案提交董事会审议。(3)独立董事应当就股权激励计划是否有利于上市公司的持续发展,是否存在明显损害上市公司及全体股东利益发表独立意见。(4)上市公司应当聘请律师对股权激励计划出具法律意见书。(5)董事会审议通过股权激励计划草案 2 个工作日内,披露公告董事会决议、股权激励计划草案摘要、独立董事意见;同时上市公司应将有关材料报中国证监会备案,同时抄报证券交易所及公司所在地证监局。(6)中国证监会自收到完整的股权激励计划备案申请材料之日起 20 个工作日内未提出异议的,上市公司可以发出召开股东大会的通知,审议股权激励计划(若为国有控股上市公司,还必须经国资委批准)。(7)股东大会表决通过股权激励计划后,授权董事会实施股权激励计划。

业的内部核心治理主体,这两类公司内部人之间权力博弈客观存在。当博弈
结果是管理层权力主导时,股权激励契约将更多体现的是管理层的动机;而
当博弈结果是大股东权力主导时,股权激励契约将更多地表现为大股东意志
的外在体现。在大样本的实证研究中,很难观察管理层和大股东之间的动态
博弈过程,但是,采用案例研究方法,以同一家公司为研究对象,可以直接观
察公司的实质控制权在控股股东和管理层两类内部人中的动态变化。这样,
就可以仅基于大股东—管理层权力博弈比较股权激励设计动机的差异。为
了直观地考察控制权在控股股东与管理层这两类内部人之间的配置差异对
股权激励设计动机的异质影响,采用案例研究的方法获取直接证据。上海家
化联合股份有限公司作为一家由国有转为民营的上市公司,2008 年至 2015
年,一共实施了三轮设计方案迥异的股权激励。第一轮和第二轮股权激励几
乎只存在控股股东性质上的差异,其经营范围、主营业务甚至核心管理层等
几乎没有变化,第二轮和第三轮股权激励则只存在核心管理层的差异,其控
股股东、公司的经营活动等几乎没有变化。这非常符合股权激励个案研究的
标准,能够在其他因素保持不变的前提下分析控股股东与管理层变化过程中
的权力博弈对股权激励动机的影响。

3.1 上海家化的基本情况

上海家化联合股份有限公司(以下简称"上海家化")是中国历史最悠久
的日化企业之一,前身是成立于 1898 年的香港广生行。借助曾获巴拿马奖
的著名花露水品牌"双妹",香港广生行迅速成为民族化妆品业的领头羊。在
新中国公私合营改革的浪潮下,由香港广生行上海分公司,历史悠久的中华
协记化妆品厂,内地最早的花露水生产商上海明星香水厂以及东方化学工业
社强强合并为"上海明星家用化学品制造厂",这是"上海家化"最早的由来。
此间推出的"友谊"、"雅霜"两大品牌,成为新中国最早的护肤品。党的十一

届三中全会后,上海家化踏入了发展的快车道,于 1990 年,登上了发展史上第一座高峰——固定资产超过 6 000 万元,销售额达 4.5 亿元,利税 1.05 亿元,位居全国化妆业之首。此间,推出的美加净系列产品成为国内销售量最大、品种规格最全、获奖次数最多、知名度最高的中国民族化妆品第一品牌,创下多项全国第一。1991 年,在政府推动改革开放的环境下,上海家化拿"露美"、"美加净"两个品牌与美国庄臣公司合资,建立上海庄臣公司。合资后"露美"、"美加净"当年销售额锐减 2.5 亿元,陷入谷底。失败的合资让上海家化反省民族品牌的战略发展之路。为打造民族品牌,上海家化于 1994 年向庄臣公司回购了"美加净"和"露美"。1995 年,上海家化厂改制为上海家化联合公司。1999 年,上海家化联合公司吸收兼并上海日用化学(集团)公司,上海家化(集团)有限公司正式成立。2001 年,上海家化联合股份有限公司在上海股票交易所上市。在经历了 2002—2004 年的低谷困难时期后,上海家化终于在 2005 年涅槃重生,进入高速发展期,年均利润增速在 45% 左右。2006年 7 月,上海家化完成了股权分置改革,上海家化集团成为股份公司唯一的大股东,大股东股权结构见图 3-1。

■ 十大股东

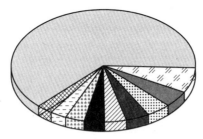

□ 上海家化（集团）有限公司　　　　■ 上海惠盛实业有限公司
⊠ 工银瑞信精选平衡混合型证券投资基金　■ 工银瑞信稳健成长股票型证券投资基金
□ 汇添富均衡增长股票型证券投资基金　□ 华安创新证券投资基金
□ 工银瑞信核心价值股票型证券投资基金　■ 全国社保基金一零四组合
■ 易方达策略成长证券投资基金　　　□ 上投摩根阿尔法股票型证券投资基金

序号	股东名称	持股数(万股)	占总股本比例(%)	变动类型	变动数量(万股)
1	上海家化(集团)有限公司	6 902.45	39.38	减仓	−697.55
2	工银瑞信精选平衡混合型证券投资基金	786.70	4.49	新增	786.70
3	汇添富均衡增长股票型证券投资基金	507.84	2.90	新增	507.84
4	工银瑞信核心价值股票型证券投资基金	501.72	2.86	新增	501.72
5	易方达策略成长证券投资基金	449.18	2.56	增持	246.50
6	上海惠盛实业有限公司	412.75	2.36	减仓	−81.25
7	工银瑞信稳健成长股票型证券投资基金	389.56	2.22	新增	389.56
8	华安创新证券投资基金	367.73	2.10	新增	367.73
9	全国社保基金一零四组合	315.14	1.80	新增	315.14
10	上投摩根阿尔法股票型证券投资基金	307.05	1.75	新增	307.05

图 3-1　完成股权分置改革后上海家化 2006 年底的十大股东

资料来源:WIND 数据系统。

上海家化集团是国资委授权经营的上海国盛集团的全资子公司,因此上海家化为国有控股上市公司。2007 年,上海家化实现营业收入 22.6 亿元,位居国内品牌之首。经过百年发展,公司发展成为年销售额逾 50 亿元的大型日化集团,产品涵盖护肤、彩妆、香氛、家用等多个领域,拥有"佰草集"、"六神"、"美加净"、"高夫"、"启初"等诸多中国著名品牌。

2008 年,上海出台《关于进一步推进上海国资国企改革发展的若干意见》。上海家化赶上了上海国资委打算推动一般竞争性领域国资退出的计划。2011 年 9 月 7 日,上海市国资委在上海联合所有权交易所以公开挂牌方式出让所持有的家化集团 100%国有股权,价款 51.09 亿元,并设定了详细的交易条件。随后,上海国资委收到三家公司竞购家化集团股权的投标书,三家公司各自依托着三家大型集团:复星投资背后是上海复星,平浦投资的身后则是中国平安,而海航商业的背后是海航集团。在这场"家化争夺战"中,家化的掌舵人想要的,是一个能够给企业长期发展提供稳定支持的战略投资者,而不是一个追求短期利益的财务投资者。当时的中国平安给家化的承诺,在公告中明确披露过:"为家化提供360度保险支持、银行信贷、债券融资等全方位金融支持,并针对家化集团日化产业链延伸、化妆品专卖店、直销品牌、SPA汉方店、精品酒店、旅游项目开发、高端表业等时尚产业拓展承诺追加人民币70亿元的投资。"这些承诺,条条击中了家化掌舵人想要引入战略投资者的愿景。2011年11月15日,中国平安集团子公司平浦投资受让上海市国资委持有的上海家化(集团)有限公司100%股权。公司的实际控制人由上海市国资委变更为中国平安保险(集团)股份有限公司。

2012年2月16日,上海家化(集团)有限公司完成相关工商登记变更手续。自此,上海家化从国有控股上市公司改制成为非国有控股上市公司。上海家化股权结构变化见图3-2。

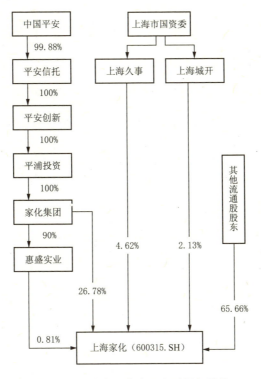

图3-2 上海家化变身民企后股权结构

资料来源:WIND数据系统、国泰安数据系统。

3.2 控制权变迁中的权力博弈与股权激励设计动机

3.2.1 首轮股权激励方案

上海家化所处的日化行业是一个充分竞争的行业,长期以来都面临着来自外资品牌的激烈的竞争压力,人才流失严重。为了留住和吸引人才,自2006年起,上海家化董事会就开始尝试推行股权激励方案,在当时处于国有控股的背景下,股权激励方案在首次披露后经两次修订,总共历时一年半,于2008年才得以实施,成为上海第一家完成股权激励的国企上市公司。

(1) 股权激励方案概况

上海家化董事会薪酬与考核委员会制定了《上海家化联合股份有限公司限制性股票激励计划》(草案)并提请2006年7月24日召开的公司第三届董事会第二次会议审议;公司董事会经认真审议,通过《上海家化联合股份有限公司限制性股票激励计划》(草案),公司于2006年7月25日公告该草案及独立董事意见。此后,董事会薪酬与考核委员会根据国务院国资委《国有控股上市公司(境内)实施股权激励试行办法》的规定,对激励计划进行修订,并报上海市国有资产监督管理委员会审批。上海市国有资产监督管理委员会出具《关于上海家化联合股份有限公司股权激励计划的批复》(沪国资委考〔2007〕728号),批准经修订后的激励计划。2007年12月26日公司召开第三届第十七次董事会,审议通过《上海家化联合股份有限公司限制性股票激励计划》(草案修订稿)。2008年1月11日,公司召开2008年第一次临时股东大会审议通过《上海家化联合股份有限公司限制性股票激励计划》(修订稿)。该轮股权激励计划的核心内容见表3-1。

(2) 管理层权力主导与股权激励设计的福利动机分析

现代公司制企业最根本的特征是所有权与经营权相分离形成的所有权和控制权的分离,股东由企业的所有者兼经营者转换为具有监督企业事务权力的

表 3-1 第一轮股权激励计划(适用《国有控股上市公司(境内)实施股权激励试行办法》规定)

股权激励契约要素	2006 年预案(2006.7.25)	2008 年终稿(2007.12.26)
激励方式	限制性股票	限制性股票
股票来源	向激励对象定向增发	向激励对象定向增发
激励数量	1 600 万股,占总股本 9.13%	530 万股,占总股本 3.2%
激励对象	高级管理层 9 人,占激励总股数的 31.85%(其中董事长获得 6.25%);中层管理人员 29 人,占激励总股数的 39.4%;营销、技术、管理骨干 65 人,占激励总股数的 19%;预留新进管理人员的股数占激励总股数的 9.75%。	高级管理层 7 人,占激励总股数的 10.71%(其中董事长获得 2.05%);中层管理人员、营销、技术、管理骨干 168 人,占激励总股数的 83.93%;预留新进管理人员的股数占激励总股数的 5.36%。
授予价格	按照限制性股票激励计划草案摘要公布日,上海家化股票前 90 个交易日(不含公布日)收盘价的简单算术平均值的 90%,为 8.94 元/股。	与预案相同。
禁售、解锁期	从激励对象获得股票之日起,锁定期为 6 个月。	禁售期 2 年,禁售期满后解锁期 3 年。
解锁条件	第一次授予 60%,2006 年度净利润(扣除非经常性损益的净利润)不低于 6 173 万元(4 786 万元),较 2005 年度增长不低于 60%;第二次授予 20%,2007 年度净利润(扣除非经常性损益的净利润)不低于 7 408 万元(5 473 万元),较 2005 年度增长不低于 92%;第三次授予 20%,2008 年度净利润(扣除非经常性损益的净利润)不低于 8 888 万元(6 892 万元),较 2005 年度增长不低于 130%。	一次性授予,授予条件:2007 年度净利润(扣除非经常性损益的净利润)不低于 9 220 万元(8 448 万元)。 解锁条件:公司上一会计年度净资产收益率不低于 10%。

所有者、以职业经理人为代表的管理层享有企业的经营控制权。对股东而言,监督是一种公共产品,监督经营管理者需要花费的时间、精力,以及金钱成本由监督者个人承担,而由此产生的收益则由全体股东共同享有。对于股权高度分散的企业,每位股东都是小股东,他们从监督中获得收益根本不足以抵偿其监督成本,必然导致他们会理性选择"搭便车"。在理性经济人的前提假设下,广大股东都存在这种"搭便车"心理而对企业的经营状况不闻不问时,对

管理层的监督就会变得软弱无力,企业的实质控制权归属于管理层。对于股权集中的企业,存在大股东。从理论上而言,大股东监督带来的企业价值增长会因其持有的股份较多而获得大额的监督收益,足以弥补监督成本,因而其具有足够的激励来监督管理层。然而,这种监督效应在我国国有控股企业情境下往往并不存在。大量的理论研究和经验证据表明,我国国有控股公司存在的所有者缺位问题使得国有控股股东对管理层行为的影响体现为产权上的超弱约束(杨华军、胡奕明,2007;冉茂盛等,2010),使得国有控股公司呈现管理层"内部人控制"的治理特征(俞红海等,2010;李延喜等,2015)。葛文耀自 1985 年出任上海家化厂厂长后,历经 20 余年,带领上海家化成为上市公司并进入高速发展期,其也成为上海家化的灵魂人物和指挥家。此时,在控股股东与创业元老级为代表的管理层两类公司内部人的权力博弈中,管理层自然占上风,致使管理层拥有对公司的实质控制权。以葛文耀为首的管理层拥有着上海家化的实质控制权。

在管理层权力主导的条件下,精致利己主义者的国有企业经营管理者很容易利用职权进行权力寻租,发生自定薪酬、在职消费、构建商业帝国等自利行为(权小锋等,2010;周美华等,2016)。党的十八大以来,随着反腐倡廉的步步深入,多起国企高管落马的实例也一定程度折射出国有企业管理层权力主导下的管理层激励问题。①股权激励作为高管薪酬组合中的一部分,与货币薪酬相比,在国有企业管理层权力主导的环境中更容易沦为高管自定薪酬的工具。当前,股权激励计划的制度、实施和考核是由董事会下设的薪酬与考核委员会负责。虽然该委员会由独立董事主导,但当股东无法监督和约束管理层权力而出现管

---

① 根据中央纪委监察部网站的通报,2014 年和 2015 年共有 172 名国企高管被通报、接受调查或移送司法机关,其中诸如山西国信集团原党委书记、董事长上官永清花费 3.9 亿元买飞机喝韩国空运奶,华润(集团)有限公司原党委书记、董事长宋林涉嫌贪腐、严重渎职、造成巨额国有资产流失,中国第一汽车集团公司原董事长、党委书记徐建一涉嫌一汽大众商品车资源调配的权力寻租、低价贱卖国有资产等典型案例。

理层控制时,精致利己主义者的管理层有动机也有能力利用对企业的控制权影响股权激励方案的制定,从而成为自身薪酬制定的控制者。

首先,我国《上市公司治理准则》虽然强调了独立董事在薪酬考核委员会中的重要地位,以保证薪酬考核委员会的独立性,但是,薪酬与考核委员会委员的人员也可以是执行董事。执行董事本身即为公司的管理层,虽然在涉及自身的薪酬契约相关投票表决时回避,但仍参与管理层股权激励契约的设计。其次,薪酬与考核委员会中的独立董事的独立性不高。由于股东事实上只能在管理层精心挑选出来的候选人范围内决定独立董事人选,[①]而且独立董事进行决策所依赖的企业人事部门或薪酬顾问所提供的信息通常被管理层通过控制人力资源部而控制,加之一些独立董事更看重保住目前的职位,不愿对抗管理层,这些都降低了独立董事的独立性,导致薪酬与考核委员会的实质独立性仍相对缺乏。没有独立性的薪酬与考核委员会"就好像是管理层用一只手制定薪酬计划,用另一只手签署薪酬契约,薪酬与考核委员会成了使管理层为自己制定的薪酬计划合法化的橡皮图章"。因此,当管理层权力可以影响甚至掌控董事会时,就可以利用该权力影响股权激励方案的设计以实现自身利益最大化,股权激励契约设计体现的将是管理层自谋福利的动机。吕长江和巩娜(2009)以伊利股份为例研究股权激励费用化的会计处理及其经济后果,研究结果表明,国有企业管理层权力过大会导致其有能力通过设置宽松的行权条件实现股权激励薪酬净收益。吕长江等(2012)以泸州老窖 2006 年 6 月公布的股权激励计划草案(最终未能施行)以及其 2010 年 1 月公布的股权激励计划修订稿为案例分析对象,发现在国企薪酬管制的背景之下,泸州老窖

---

① 按照证监会 2001 年发布的《关于在上市公司建立独立董事制度的指导意见》的要求,上市公司董事会、监事会、单独或者合并持有上市公司已发行股份 1% 以上的股东可以提出独立董事候选人,并经股东大会选举决定。由董事会提名独立董事人选可能使得独立董事成为执行董事的"代言人",其结果是,股东事实上只能在执行董事等经理层精心挑选出来的范围内决定独立董事人选,股东施加的影响非常有限,这样当选的独立董事的独立性自然让人怀疑。

的股权激励兼具福利和奖励的性质。邵帅与吕长江(2015)鉴于大样本实证研究中产权性质差异对股权激励制度影响的内生性问题,选择了经历国有和民营产权性质转变的上海家化为案例,研究企业性质对股权激励制度设计动机的影响。研究结果表明,国有企业由于内部人控制等问题,股权激励设计存在福利效应。除了典型案例证据支持国有企业股权激励的福利效应外,也有学者取得了国有控股上市公司在股权激励方案业绩考核指标设计方面异常宽松(吴育辉、吴世农,2010),以及管理层利用对公司的控制权压低股权激励计划设定的初始行权价格(王烨等,2012)等高管在股权激励方案设计中所隐含自利行为的大样本实证证据。

基于以上分析,在国有控股股东与管理层权力博弈结果是管理层权力主导的环境中推行此轮股权激励,将体现的是管理层自谋福利的动机。

3.2.2 第二轮股权激励计划

(1) 所有权变更与第二轮股权激励概况

2011 年 11 月,平浦投资及其实际控制人中国平安承诺保证上海家化业务和机构独立,提出"平浦投资将维持上海家化现有管理层的稳定,暂无改变上海家化现任董事会成员或高级管理人员的计划"。因此,平安入主,虽然直接改变了上海家化的所有权性质,但对上海家化的董事会和管理层在短期内并未造成大影响。作为管理层元老的葛文耀仍为董事长,牢牢掌控着公司的决策权,上海家化的董事会成员也未发生改变。在平安尚未在上海家化董事会争得一席之地的 2012 年 4 月 5 日,刚完成股权变更手续不到两个月,变身民企的上海家化公告了公司第四届第十六次董事会审议通过的《上海家化联合股份有限公司 2012 年限制性股票激励计划》(草案)。2012 年 4 月 25 日,中国证监会对公司报送的草案修订稿确认无异议并进行备案。2012 年 5 月 7 日,公司第四届第十八次董事会审议通过《上海家化联合股份有限公司 2012 年限制性股票激励计划》(草案修订稿)。2012 年 5 月 29 日,公司 2011

年度股东大会审议通过《上海家化联合股份有限公司 2012 年限制性股票激励计划》(草案修订稿)。2012 年 6 月 6 日,公司董事会授予激励对象限制性股票。此时,公司 2008 年的第一轮股权激励计划还未最终完成。本次股权激励方案的主要内容见表 3-2。

表 3-2 第二轮股权激励方案(适用《上市公司股权激励管理办法》(试行)及相关备忘录规定)

股权激励契约要素	
激励方式	限制性股票
股票来源	向激励对象定向增发
激励数量	2 540.5 万股,占总股本 6.01％。
激励对象	高级管理层 7 人,占激励总股数的 10.08％(其中董事长获得 2.68％);中层管理人员 32 人,占激励总股数的 22.93％;核心技术(业务)人员 356 人,占激励总股数的 66.99％。
授予价格	依据审议通过本计划(草案)的公司第四届董事会第十六次会议决议日前 20 个交易日公司股票均价 32.82 元/股(前 20 个交易日股票交易总额/前 20 个交易日股票交易总量)的 50％确定,即 16.41 元/股。
禁售、解锁期	自授予日起的 12 个月为锁定期。自授予日满 12 个月起至 48 个月为解锁期。激励对象可分别在授予日起 12 个月后至 24 个月内、24 个月后至 36 个月内、36 个月后至 48 个月内分三期申请解锁所获授的限制性股票总量的 40％、30％和 30％。
解锁条件	第一次授予 40％,2012 年度加权平均净资产收益率不低于 15％,较 2011 年度净利润增长不低于 25％;第二次授予 30％,2013 年度加权平均净资产收益率不低于 15％,较 2011 年度净利润增长不低于 56％;第三次授予 30％,2014 年度加权平均净资产收益率不低于 15％,较 2011 年度净利润增长不低于 95％。

(2) 控股股东—管理层权力制衡与股权激励设计的激励动机分析

民营控股股东通过在董事会中的席位以及股东大会上的投票表决权对企业的重要事件进行干预和影响,以实现其监督或掏空的治理效应。一方面,控股股东对自身利益的主观追求可以解决股权分散条件下中小股东"用脚投票"和"搭便车"问题,对管理层自利行为形成必然约束的客观结果(Claessens &

Djankov，1999；陆正飞等，2014；王化成等，2015）。这有助于减轻代理成本，提升公司价值，体现为股利和资本利得等股东共享收益的提高。但另一方面，当控股股东权力处于绝对优势时，控股股东掏空的代理问题更为凸显（Shleifer & Vishny，1997；Johnson et al.，2000）。已有研究表明，控股股东可以通过关联交易（Baek et al.，2006；Cheung et al.，2006；柳建华等，2008）以及占用上市公司资金（李增泉等，2004；chen et al.，2013）、影响公司的财务行为（Parrino et al.，1999；俞红海等，2010；张文龙和李峰，2009）、操纵股价（张宗新等，2007；张鸣等，2009）等手段掏空上市公司，以实现掏空的控制权私利。

公司控制权在管理层和控股股东的不同配置下会对控股股东治理效应选择产生一定程度的影响，进而影响股权激励的设计动机。董事会作为公司内部治理的核心，是公司各项活动的决策中心。此轮股权激励计划推出时平安未在上海家化董事会争得一席之地，因此，股权激励的预案设计仍由元老管理者葛文耀为代表的管理层掌控的上海家化董事会完成。管理层在董事会中的权力越大，控制权私利越多地将归属于管理层，管理层自定薪酬的能力越强（卢锐等，2008），越容易进行自谋福利的股权激励预案设计。与此同时，此轮股权激励计划推出时上海家化的股权变更手续完成还不到两个月，中国平安作为纯金融资本的代表，并无对日化实体产业的经营管理经验，不容易马上找到利益侵占的渠道，短期内的掏空动力也不足。而且，平安作为控股股东此时在董事会没有话语权，这会抑制其掏空行为的操作空间，降低其能从公司获取的控制权私利。伯卡特和帕南齐（Burkart & Panunzi，2001）的研究就指出，控股股东在董事会的权力越小，其掏空行为的操作空间越小，能从公司获取的控制权私利越低，因而越愿意通过现金流权进行监督，获取股东共享收益。因此，此时的平安自然也就倾向于监督而非掏空。

控股股东虽然没有掌控上市公司的董事会，但是可以通过股东大会对上市公司的重要事件进行干预和影响，对管理层的行为进行约束。这就形成控股股东—管理层权力制衡的局面。在平安刚刚入主家化的 2012 年年初,上海家化的董事会仍由元老管理者的葛文耀而非控股股东掌控,葛文耀操刀提出了上海家化的第二轮股权激励计划,仍可以通过其在董事会中的权力优势设计自谋福利的股权激励预案以实现管理层利益的最大化。但是此时发挥监督效应的控股股东可以通过股东大会否决该损害股东利益的股权激励预案,导致管理层"竹篮打水一场空"。这将在一定程度上对股权激励的福利设计行为产生威慑,抑制股权激励设计的福利动机实现。但平安未进入家化董事会和平安对日化产业经营管理经验的不足,导致作为控股股东的平安处于信息劣势,无法对管理层的任何自利行为实现监督和约束。为了缓解管理层代理问题,控股股东愿意对管理层进行激励动机设计的股权激励,以弥补监督的不足。这意味着此时只有基于激励动机设计的股权激励预案才能通过股东大会的审议通过。

因此,这轮股权激励方案,从理论上而言,是以葛文耀为首的管理层与控股股东的平安进行博弈的结果。管理层自利的初衷并未改变,只是此时不再是"所有者缺位"的国有控股股东,而是熟悉上市公司经营运作的"平安系"的民营控股股东,控股股东虽然没有掌控上市公司的董事会,但是可以通过股东大会对上市公司的重要事件进行干预和影响,对上市公司管理层的行为进行约束。与第一轮股权激励相比,在此轮股权激励中,控股股东发挥了监督管理层的积极的治理效应,一定程度约束了管理层在股权激励设计中的福利动机,管理层与控股股东的权力制衡使得该轮股权激励契约设计体现出激励动机。

3.2.3 控制权争夺后的第三轮股权激励

（1）控股股东—管理层权力博弈与控制权之争

所有权变更后,平安在投标书中的承诺失效。控股股东和以葛文耀为首的上海家化管理层开始意见相左,矛盾日益激化。葛文耀一直被视为上海家化的"创始人",掌控着上海家化的发展大局。而平安仅将葛文耀视为"职业经理人"。上海家化所有权变更后,一切重大决策,尤其是涉及资金支出的投资决策,都要通过平安创新资本内部的投决会以及平安集团的认可,而且在投资后的管理中,涉及资金支出的项目,仍需要平安信托内部开会审议。这些大股东旨在完善上海家化内部治理的举措,束缚了葛文耀之前"看准机会放手一搏"管理风格的发挥。平安与掌管家化近 30 年的董事长葛文耀及其团队在投资项目、资产处理等方面产生分歧,冲突不断。作为金融资本代表的控股股东与作为产业资本守护人代表的创业型元老级管理层开始了白热化的控制权之争。在经历了一年多的控制权争夺后,2013 年 9 月 17 日,葛文耀向董事会提出,"由于本人年龄和健康原因申请退休";同年 9 月 19 日,董事会同意其申请。掌舵上海家化 28 年的董事长葛文耀去职之后,上海家化董事长职位空缺近两月,期间由上海家化独立董事张纯代理董事长职务。2013 年 10 月中旬,平安信托推举此前在强生医疗任职的谢文坚为上海家化董事候选。三天后,三家持有上海家化股份的基金公司也推荐了一名董事候选人曲建宁,被外界解读为制衡"平安系"在家化的影响力。同年 11 月 15 日,由平安信托推荐的候选人谢文坚通过上海家化董事会投票,成为新任上海家化董事长和薪酬考核委员会委员。同日,上海家化召开临时股东大会,上海家化董事悉数出席。股东大会通过议案,上海家化第五届董事会成员数由 8 名增至 9 名,谢文坚、曲建宁入选公司董事会董事。至此,平安与家化元老管理层的控制权之争以平安胜出落下帷幕。

随后,公司新聘会计事务所普华永道对上海家化的内控报告出具否定意见,并指财务报告存在三大缺陷。基于这份报告,2014 年 5 月 12 日,上海家化召开第五届第十五次董事会,审议并通过关于解除王茁总经理职务及提请股东大会解除王茁董事职务的议案,并同意了总会计师兼财务总监丁逸菁向公司董事会提交的辞职申请。随着公司控制权之争以葛文耀为首的家化原管理层败北落幕,由平安推荐的候选人谢文坚成为新任上海家化董事长和薪酬考核委员会委员,平安作为控股股东在上海家化董事会中的权力大大提升,在实质掌管公司的控制权后,上海家化推出了第三轮股权激励方案(见表 3-3)。

表 3-3 第三轮股权激励方案(适用《上市公司股权激励管理办法》(试行)及相关备忘录规定)

Panel A 董事长长期激励计划(2014 年 4 月 10 日)

股权激励契约要素	
激励方式	股票增值权
激励数量	首期授予 484 653 份,第二期、第三期授予数量所对应的虚拟股票总价值不低于首期授予时的股票增值权所对应的虚拟股票总价值。
授予价格	董事会审议通过本方案之日前 30 个交易日的上海家化股票平均收盘价 34.4 元。第二期、第三期增值权的行权价格为授予第二期、第三期增值权的相关董事会召开日前 30 个交易日的上海家化股票平均收盘价。
禁售、解锁期	有效期 6 年。首期授予的等待期为 3 年,二期授予的等待期为 2 年,三期授予的等待期为 1 年。
生效条件	首期权益生效,以 2013 年度营业收入为基准,2014 年度的营业收入增长率不低于 16%;第二期权益生效,以 2014 年度营业收入为基准,2015 年度的营业收入增长率不低于 18%;或以 2013 年度营业收入为基准,2015 年度的营业收入增长率不低于 37%;第三期权益生效,以 2015 年度营业收入为基准,2016 年度的营业收入增长率不低于 20%;或以 2013 年度营业收入为基准,2016 年度的营业收入增长率不低于 64%。无论是否达到绩效考核目标,应至少保留奖励对象首期授予股票增值权的 1/3 于审议 2014 年年度报告的董事会召开日生效。

Panel B 管理层限制性股票＋股票期权激励(2015 年 3 月 17 日)

股权激励契约要素	
激励方式	限制性股票＋股票期权
股票来源	向激励对象定向增发
激励数量	80.80 万份股票期权,占本激励计划签署时公司股本总额的 0.120 2%;179.82 万份限制性股票,占本激励计划签署时公司股本总额的 0.267 4%。
激励对象	限制性股票:高级管理层 5 人,占激励总股数的 9.71%;公司中层管理和核心骨干 328 人,占激励总股数的 90.29%。 股票期权:高级管理层 5 人,占激励总股数的 21.61%;公司中层管理和核心骨干 53 人,占激励总股数的 78.39%。
授予(行权)价格	限制性股票的授予价格为本计划草案摘要公布前 20 个交易日公司股票交易均价 39.22 元的 50%,19.61 元;股票期权的行权价格按照股权激励计划草案摘要公布前一个交易日的公司股票收盘价 42.04 元与前 30 个交易日内的公司股票平均收盘价 38.67 元孰高确定。
解锁(等待)期	有效期为自股票期权和限制性股票授予日起四年。第一次解锁(行权)自授予日起满 12 个月后至 24 个月内;第二次解锁(行权)自授予日起满 24 个月后至 36 个月内;第三次解锁(行权)自授予日起满 36 个月后至 48 个月内。
解锁(行权)条件	以 2013 年业绩为基准,2015、2016、2017 年营业收入相对于 2013 年增长率分别不低于 37%,64%,102%,同时 2015、2016、2017 年加权平均净资产收益率均不低于 18%。

Panel C 员工持股计划(2015 年 3 月 19 日)

股权激励契约要素	
激励方式	限制性股票
股票来源	二级市场回购股票
激励数量	15.09 万股,涉及的股票数量约占公司现有股本总额的 0.022 4%。
激励对象	正式全职员工,且 2014 年度考核结果为 B(良好)及以上的人员,共计 1 183 人。
授予价格	零
解锁期	股票登记至本期持股计划名下的公告之日起设立 36 个月。
解锁条件	锁定期间绩效结果 B 及以上,100%归属;出现 1 次 C,60%归属。

(2) 控股股东权力主导与股权激励设计的合谋动机分析

若第二轮股权激励是为了缓解平安入主家化初,无法对原强势的管理层进行有效监督和控制下所产生的管理层代理问题,为何在平安已经控制上海家化董事会、控股股东能对管理层进行有效控制、管理层代理问题已经相对弱化的情况下还推出第三轮股权激励? 在上市公司这个"壳"仍属稀缺资源的现实环境中,控股股东在掏空上市公司后再通过资本运作从出售"壳"资源中华丽抽身的案例屡见不鲜。平安作为纯金融资本的代表,追求短线收益,具有天然的动机对其收购的上市公司进行掏空然后通过资本运作放弃控制权。如前所述,在第二轮股权激励中,平安在刚入主家化时短期内的掏空动力和能力都不足,与强势管理层的权力博弈使其倾向于选择发挥监督治理效应,但在此轮股权激励时,平安已经实现对上海家化的权力主导,在董事会中的权力更是大大提升。

申明浩(2008)基于我国民营上市公司的研究已发现,随着控股股东在董事会中权力的增大,其挖掘隧道转移资源实现控制权私利的越多,掏空的原始动机越容易实现。上海家化此前一直能走在国产品牌前列,甚至与外资品牌抗衡,除了是百年品牌积淀外,更重要的是不断推陈出新的品牌产品。但从后续中国平安没有耐心扶持家化包括"双妹"在内的多项处于亏损状态品牌产品停止投入的短视行为,①以及 2014 年后上海家化不断下滑的业绩,渠道变革的压力、品牌老化的困境等客观现实的存在,在一定程度上折射出控股股东治理效应从监督转化为掏空的端倪。无论控股股东通过哪种手段掏空,都需要得到作为公司行为的实际执行者的管理层的协助(Burkart et al., 2003;潘泽清等,2004)。管理层为控股股东实现掏空提供必要的帮助并获得一定的回报,这种回报最直接的方式就是提高管理层的薪酬水平、降低对管理层薪酬激励监督(刘善敏和林斌,2011)。股权激励作为管理层薪酬组合的一个重要组成部分,自然也就可能成为控股股东收买管理层与之合谋掏空上市公司的工具。陈仕华和李维安(2012)基于 2005 年第三季度至 2009 年年末我国上市公司实施的股权激励数据,就已经得到控股股东在通过转移上市公司资源进行掏空时,会以授予高管股权激励对作为上市公司资源的"守护者"高管进行收买的经验证据。因此,在管理层代理问题已经弱化、控股股东权力主导的环境中,控股股东推行高管股权激励的动机可能体现为让渡少量的剩余收益索取权,作为换取管理层与之合谋的报酬,以实现掏空的控制权私利。

3.3　股权激励动机的识别

3.3.1　股权激励动机在股权激励方案中的体现

在股权激励方案中,关键要素包括激励对象、激励水平、激励方式、业绩条件、授予(行权)价格、激励期限。

(1) 激励对象

证监会颁布的《上市公司股权激励管理办法》及后续的备忘录、国资委颁布的《国有控股上市公司(境内)实施股权激励试行办法》的规定中对股权激励的对象

---

　　① 2014 年上海家化发布了未来 5 年的战略规划,只聚焦"佰草集""高夫""六神""美加净""启初"5 大盈利品牌,暂停"双妹""玉泽""茶颜"等新品牌的市场投入,停止销售 2013 年刚推出的"恒妍"品牌。上海家化的主打品牌"佰草集",是在创立后 7 年才盈利。

进行了明确界定,股权激励对象应是上市公司董事(不包括独立董事)、高级管理人员以及对上市公司整体业绩和持续发展有直接影响的核心技术(业务)人员。在企业内部,高级管理层的决策行为需要基层业务人员的配合方可实现,如为企业的持续增长提供动力、增强企业持有竞争优势的产品创新行为,不仅需要包括执行董事在内的高级管理层对创新投入的决策支持,还需要基层研发技术人员的智力资本投入才能实现创新的产出和成果转化,有必要通过对企业的业务骨干的股权激励将其个人利益与企业利益捆绑在一起。因此,若是以激励为动机设计的股权契约,其激励对象中应该包括核心技术(业务)人员,而且分配给核心技术(业务)人员的股权激励份额不应该过低。但是,若是以福利为动机设计的股权激励,高级管理层关注的是对自身的福利输送;若是以合谋为动机设计的股权激励,控股股东也只会关注对能帮助其实现掏空的高级管理层的收买;基于这两种动机设计的股权激励契约,其激励对象中将很少涉及核心技术(业务)人员,即使涉及,分配给核心技术(业务)人员的股权激励份额也会仅占很小的比例。

(2) 激励水平

根据相关规定,上市公司全部有效的股权激励计划所涉及的标的股票总数累计不得超过公司股本总额的 10%,而且非经股东大会特别决议批准,任何一名激励对象通过全部有效的股权激励计划获授的本公司股票累计不得超过公司股本总额的 1%。对于以激励为动机设计的股权激励,激励水平越高,激励对象越能分享努力工作带来的企业价值的增长,激励对象自身利益与公司利益的捆绑程度越高;对于以福利为动机设计的股权激励,激励水平越高,激励对象越能通过股权激励向自身输送更多的福利;对于以合谋为动机设计的股权激励,激励水平越高,管理层可获得的合谋收益越大,越愿意帮助控股股东进行掏空。因此,从理论上而言,股权激励的水平越高,越能实现股权激励的设计动机。

(3) 激励方式

根据相关规定,上市公司股权激励的方式主要有限制性股票、股票期权和股票增值权三类。限制性股票和股票期权都是以权益结算的股份支付,但两者存在细节上的差异。限制性股票激励方式下,激励对象须在实施股权激励之初的授予日按照授予价格支付现金获得上市公司股票,经过禁售期并达到解锁的业绩条件,方可在证券市场上出售股票实现股权激励薪酬。股票期权激励方式下,激励对象只享有行权获利的权利,不需要承担必须行权的义务,而且在授予日不需支出任何现金,要到未来可行权日后实际行权时才需按照行权价格支付现金。在上市公司基本上是在管理层货币薪酬保持不变的前提下进行增量股权激励的环境中,与限制性股票相比,股票期权这种权利与义务不对称的激励模式,对于激励对象而言,即便未来股价下跌而放弃行权,无非是放弃增量收益,对原有的既得利益没有影响。

由于我国采用的是股利保护型期权,在股票期权的等待期内,期权的行权价格会随着上市公司的股利分配相应下调,激励对象可利用高派现压低股票期权的行权价格,以最大化股权激励的净收益。因此,股票期权激励方式下,管理层的风险更小,成本更低,更容易实现管理层自利和控股股东—管理层合谋利益。这就使得管理层自利的福利型股权激励和控股股东为实现掏空而设计的合谋型股权激励更愿意选择股票期权的方式。股票增值权和股票期权类似,都是期权金融工具在企业激励中的应用,赋予激励对象未来风险收益获取的权利,当市场价格高于激励对象的行权价格时,激励对象可以行权获得收益,否则,激励对象可以放弃行权,避免损失。与股票期权不同的是,股票增值权激励方式下,激励对象享有的是以现金结算的二级市场股价和行权价格之间的差价收益,激励对象不实际拥有股票,也不拥有股东表决权、配股权、分红权,这无利于管理层权力的巩固,因此,管理层自利的福利型股权激励不会倾向于采用这样的激励方式。但这种激励方式对股东(特别是控股股东)的股权和控制权不会造成任何的稀释,又比货币薪酬赤裸裸地收买管理层更具隐蔽性;而且在资本市场存在信息不对称的现实环境中,控股股东与管理层的利益共同体有能力掩盖管理层自利或管理层-控股股东合谋对企业价值的损害,并通过操纵信息披露的时间和内容操纵股价以实现管理层的股票增值权收益,这契合了合谋型股权激励的设计动机。

(4) 行权(授予)价格

股权激励的行权(授予)价格是激励对象的成本,直接影响着激励对象所能获取的股权激励薪酬净收益。按照经济学的理性经济人假设,对于股权激励的激励对象,更愿意选择使股权激励计划收益最大化而付出成本最小化的途径实现自身利益最大化,而这往往是以各种投机方式而非努力工作的方式实现的。股权激励相关规定明确了股权激励行权(授予)价格的底线。[1]现实中,由于这个底线已比较严格,所以大部分上市公司都以这个下限作为行权(授予)价格。当然,现实中也不乏以高于法规下限设定行权或授予价格的企业,如上海石化、东方通信均采取高于该股票的二级市场价格的溢价方式设定授予价格。以高于法规底线设定行权或授予价格,增加了股权激励对象的成本,这将削弱股权激励中的福利效应和合谋效应。因此,福利型和合谋型股权激励不会自愿抬高激励对象的成本。只有在激励型的股权激励中,为凸显股权激励的鞭策作用,行权(授予)价格的设定才可能高于法规底线。

法规明确规定行权(授予)价格的底线应以股权激励计划草案披露前企业标的股票的市价为基础来确定。在管理层自利或者控股股东—管理层利益共同体掏空的环境中,作为激励对象的管理层有能力凭借其内部人的信息优势,通过压低股权激励计划草案的披露前的企业股价以便获得较低的行权价格。首先,作为激励对象的高级管理层可能通过列席薪酬与考核委员会会议、互任

---

① 2006年1月1日实施的《上市公司股权激励管理办法》(试行)仅对股票期权的行权价格底线进行明确,规定股票期权的行权价格不应低于股权激励计划草案摘要公布前一个交易日和前30个交易日内的公司标的股票平均收盘价的较高者。2006年9月国资委、财政部联合出台的《国有控股上市公司(境内)实施股权激励试行办法》,不对股权激励方式进行区分,统一要求,对于国有控股上市公司,股权激励的授予(行权)价格不应低于股权激励计划草案摘要公布前一个交易日和前30个交易日内的公司标的股票平均收盘价的较高者。2008年3月证监会出台的《股权激励备忘录1号》进一步规定限制性股票授予价格的折价问题:如果标的股票的来源是存量,即从二级市场购入股票,则按照《公司法》关于回购股票的相关规定执行;如果标的股票的来源是增量,即通过定向增发方式取得股票,其实质属于定向发行,发行价格不低于定价基准日前20个交易日公司股票均价的50%。

董事成为相互企业的薪酬委员会委员等方式间接或直接参与股权激励计划的拟定,最终在董事会审议股权激励计划草案时直接或间接地压低股权激励的授予(行权)价格。其次,《上市公司股权激励管理办法》(试行)虽然规定董事会须在审议通过股权激励计划草案后的 2 个交易日内,公告董事会决议、股权激励计划草案摘要、独立董事意见,使执行董事等高级管理层在真正获知股权激励计划草案后没有很多的时间余地影响或操纵股价。但是他们可以延迟董事会召开会议审议股权激励计划草案的时间,进而操纵股权激励计划草案摘要的首次披露时间;同时在董事会召开临时会议审议通过股权激励计划之前通过操纵信息披露的时间和内容,在股权激励计划草案披露前释放各种"利空"消息以压低股票市价,以便压低股权激励的行权(授予)价格。因此,对于以福利输送和合谋收买为动机设计的股权激励,激励计划草案将会在企业股票持续下跌后首次披露。

(5)业绩条件

业绩条件是衡量激励对象是否可以最终获得股权激励的标准,设置的授予、行权、解锁的门槛性标准越低,管理层通过努力工作达到业绩考核条件的难度越低,股权激励的激励作用越弱、福利和合谋作用越强。与监管层对股权激励水平、行权(授予)条件作出严格规定相比,监管层对股权激励相关的业绩条件的目标值的设定相对宽松,而且对股权激励的具体的业绩考核指标并没有作出明确规定,[①]

---

① 《上市公司股权激励管理办法》(试行)仅要求上市公司在股权激励计划中明确规定或说明激励对象的授权、行权的业绩条件。《股权激励备忘录 1 号》补充了对行权指标的设定说明,要求原则上实行股权激励后的业绩指标不低于历史水平。此外,鼓励公司同时采用市值指标和行业比较指标。2008 年 9 月出台的《股权激励备忘录 3 号》进一步规定的行权(解锁)条件的基本目标值,股票期权等待期或限制性股票锁定期内,各年度归属于上市公司股东的净利润和归属于上市公司股东的扣除非经常性损益的净利润均不得低于授予日前最近 3 个会计年度的平均水平且不得为负。2008 年 10 月出台的《关于规范国有控股上市公司实施股权激励制度有关问题的通知》规定,国有控股上市公司提出股权激励方案必须完善股权激励业绩考核体系,科学设置业绩指标和水平:业绩考核指标应包含反映股东回报和公司价值创造等综合性指标,反映公司赢利能力及市场价值等成长性指标,反映企业收益质量的指标;上述三类业绩考核指标原则上至少各选一个。授予的业绩条件,应不低于公司近 3 年平均业绩水平及同行业(或选取的同行业境内、外对标企业,行业参照证券监管部门的行业分类标准确定)平均业绩(或对标企业 50 分位值)水平。行权的业绩条件,在授予时业绩水平的基础上有所提高,并不得低于公司同行业平均业绩(或对标企业 75 分位值)水平。凡低于同行业平均业绩(或对标企业 75 分位值)水平以下的不得行使。

由企业自己制定。法规虽然对国有企业引入相对业绩指标、要求授权、行权、解锁的业绩目标不低于同行业平均水平,貌似更为严格,但是,由于我国的国有上市公司通常是国企集团的优质资产组合,可以依赖与政府的利益关联获取更多的资源和政策扶持,这些可以帮助国有上市公司的业绩比较容易高于行业的平均水平,实现股权激励的相对业绩考核的基本门槛。而且,法规仅仅明确行权(解锁)条件是业绩指标(主要是净利润和扣除非经常性损益的净利润)不得低于授予日前3个会计年度的平均水平。会计业绩指标来源于会计核算,而会计核算中不可避免地需要运用职业判断诸如会计政策选择、公允价值运用、会计估计、权责发生制等,客观上为内部人调节会计业绩创造了条件。因此,无论是在管理层权力主导诱发的福利型股权激励,还是控股股东权力主导诱发的合谋型股权激励中,作为激励对象的高级管理层可以通过提前确认收入、推迟确认费用损失等盈余管理方法,实现股权激励在等待期(锁定期)的会计业绩不低于授予日前三个会计年度的平均水平,从而达到法规要求的业绩目标。同时,作为激励对象的管理层也有能力凭借其对薪酬与业绩考核委员会的影响甚至是操纵,选择设置较低的、易于完成的指标。

(6) 激励期限

激励期限不仅仅是股权激励的有效期,还包括更为细化的股票期权的等待期和行权期、限制性股票的禁售期和解锁期。股权激励相关规定明确了股权激励行权(授予)价格的底线。①股权激励的期限越长,越能促使管理层关注企业的长期价值增长,减少自利行为,股权激励的激励动机越能得以实现。无论是管

---

① 《上市公司股权激励管理办法》(试行)规定股票期权的行权等待期不得少于 1 年,计划有效期从授权日计算不得超过 10 年。《国有控股上市公司(境内)实施股权激励试行办法》规定,国有上市公司股权激励计划的有效期自股东大会通过之日起计算,一般不超过 10 年;股票期权等待期(限制性股票禁售期)原则上不得少于 2 年,等待期(禁售期)满后,若达成业绩条件,原则上采取匀速分批行权(解锁)办法,行权(解锁)有效期不得低于 3 年。《股权激励备忘录 1 号》补充了限制性股票激励方式的禁售期,规定如果通过定向增发方式进行激励,自股票授予日起 12 个月内不得转让,激励对象为控股股东、实际控制人的,自股票授予日起 36 个月内不得转让。

理层自利还是管理层与控股股东合谋牟取私利的机会主义行为,即使在中小股东信息劣势的情况下,虽然在短期内可以带来企业具有良好发展机会和业绩的错误信号,形成企业股票价格短期上涨的假象,但是,随着时间的推移,这种利益侵占行为对企业价值的损害会日趋明显,将体现为企业未来股票价格的下跌。管理层因股权激励获得的股票越能在企业股价因内部人侵占而进入下跌通道前抛售,对其财富损失的影响越小。股票期权的等待期(限制性股票的禁售期和解锁期)越短,管理层越容易在企业股价因内部人侵占进入下跌通道前抛售,避免自身财富的损失,股权激励的福利动机和合谋动机越容易实现。

从表3-2来看,2006年推出的股权激励预案的激励数量接近《国有控股上市公司(境内)实施股权激励试行办法》规定的10%的上限;9名高管的激励数量占股权激励总额的31.85%,董事长一人的激励数量为100万股。授予价格的确定方法并不符合《国有控股上市公司(境内)实施股权激励试行办法》要求的股权激励的授予(行权)价格,不应低于股权激励计划草案摘要公布前1个交易日和前30个交易日内的公司标的股票平均收盘价的较高者的规定。限制性股票的锁定期明显低于《国有控股上市公司(境内)实施股权激励试行办法》中的下限。激励方案选取的2005年作为基准年,对比上海家化历年净利润可以发现,该年的净利润为历史最低值,设定这样的净利润基准将导致目标较容易完成,而且,设定的2006年、2007年、2008年的业绩目标实际都低于上海家化2001—2003年已实现的净利润和扣除非经常性损益的净利润。

以葛文耀为首的高管层集控制权、执行权、监督权于一身,他们有动机也有能力利用对企业的控制权影响股权激励方案的制定,股权激励契约要素的设计都显示出向管理层进行利益输送的动机。在该轮股权激励契约二次修订中,这种动机体现得更为明显:(1)授予价格仍按照2006年拟定的价格不变,而2007年底进行股权激励草案修订时,上海家化的股价已达到40元以上。(2)所有激励股份一次性授出,激励的有效期明显偏短。(3)仅以企业2007年的净利润和净资产收益率的目标作为股权激励的业绩目标。2007 年末进行股权激励草案修订时,企业管理层对于 2007 年的业绩情况已基本了解,该项业绩目标是对已发生事件的考量,而非对企业管理层未来努力设定目标。(4)企业 2007 年的净资产收益率为 16.56%,扣除非经常性损益的净资产收益率也达到 12.56%;按照正常的惯性发展速度,在 2 年的禁售期满后,净资产收益率不低于 10% 的解锁条件无须管理层努力也非常容易实现。

而从第二轮股权激励的方案来看(见表 3-2),与第一轮股权激励方案相比,高级管理层的激励幅度降低,中级管理层和关键技术人员激励幅度上升。第一轮方案中,高级管理层的激励占总股权激励数量的 16%,第二轮中,下降为 10%。激励对象的人数也较第一轮大幅增加,第一轮为 175 人,第二轮为 395人。激励数量较第一轮也有增长,第一轮激励数量占总股本的 5.36%,第二轮激励数量占总股本的 6.01%。而且,该轮方案的业绩考核条件更为严格,业绩考核条件包括净利润的绝对值和增长率以及加权平均净资产收益率。激励方案选取的 2011 年作为基准年,对比历年净利润可以发现,该年的净利润为历史最高值,而且设定的 2012 年、2013 年、2014 年的业绩目标实际都高于上海家化以前年度已实现的净利润和净利润增长率。这直观地表明,业绩考核条件的设置与第一轮股权激励方案相比已经明显收敛,是以真实的未来的增量贡献作为目标。

从上海家化推出了包含三个层次的第三轮股权激励方案的设计来看(见表 3-3):

首先,针对董事长个人的激励是上市公司的头一份。这份激励计划采用的是现金结算的股票增值权,这对控股股东的股权和控制权不会造成任何稀释,也不会使职业经理人持有公司股份。这份激励计划是上市公司所有权激励计划中唯一采用收入而非利润作为业绩考核指标。收入的增长,只能代表公司的市场份额,是做大公司的概念;而公司的发展除了要做大,更需要的是做强,有获取利润和现金流的能力。因此,以收入作为业绩考核指标并不一定提升公司的价值。而且该份激励方案中还规定:无论是否达到绩效考核目标,应至少保留奖励对象首期授予股票增值权的 1/3,即无论 2013 年度的营业收入增长率能否达到 16%,董事长都可以获得 161 551 份股票增值权。这表明,平安推出的针对董事长个人的股权激励计划,并不是以激励董事长提升公司盈利能力、创造价值增值为目的,更多的是形成控股股东与职业经理人的利益共同体。

其次,管理层股票期权＋限制性股票激励计划,激励人数众多,涵盖了除董事长外的高级管理层、中级管理层和关键技术人员,但激励数量较小,股票期权和限制性股票激励加起来的激励数量也仅占公司股本的 0.387 6%,连公司股本的 1% 都不到。限制性股票的授予价格、股票期权的行权价格、解锁、行权期限均是按照证监会规定的下限确定。业绩考核条件是以 2013 年业绩为基准的营业收入的增长率和加权平均净资产收益率。该激励方案于 2015 年 3 月 17 日推出,公司 2014 年的年度报告 2015 年 3 月 19 日才公告,也就是说该份股权激励方案设计时 2014 年度的业绩公司已经了然于胸,但公司没有以 2014 年业绩为基准,却以 2013 年度的业绩为基准。2014 年度公司的营业收入为 53.35 亿元,2013 年度公司的营业收入则为 44.69 亿元,存在明显的降低行权/解锁门槛的嫌疑。加权平均净资产收益率的目标值定为 18%,而从上海家化的历史水平来看,其加权平均净资产收益率 2007—2014 年度为 16.56%、18.85%、19.43%、19.87%、22.33%、27.77%、24.89%、26.53%,按照上海家化民营化后的 2012—2014 年的水平,极易实现。因此,这份涵盖面虽广但激励力度较小的股权激励方案,一方面体现出控股股东不愿自身股权被股权激励稀释的动机,另一方面,以低于历史水平的加权平均净资产收益率作为考核指标、营业收入作为业绩指标,而且还选择低营业收入年度作为基准,都体现出控股股东并不是以激励管理层提升公司盈利能力、创造价值增值为目的,更多的可能是在控制权之争结束后为了稳定人心而给予家化管理团队和核心技术人员的"定心丸",以期实现对管理层的收买。

第三,除了管理层、核心技术人员的股权激励,家化还推出了员工持股计划,从二级市场回购股票对家化的员工进行激励,这不会对控股股东的股权和控制权造成任何的稀释,反而可以保护上海家化不出现像万科那样在二级市场被收购、易主。而且,这进一步给控制权之争结束后的家化内部人心的稳定打了强心针。

值得提及的是,受 2015 年净利润下滑的影响,公司第三轮股权激励业绩考核条件没有达成,2015 年 3 月 17 日授予董事长的第二期股票增值权 47.48 万份不予生效;公司 2015 年管理层股权激励计划首期限制性股票和股票期权被注销。但为了弥补股权激励薪酬无法实现的损失,公司包括董事长在内的董事、监事、高管在 2015 年的货币薪酬(1 686.68 万元)较 2014 年(994.28 万元)增长近 70%,其中董事长的货币薪酬从 2014 年的 400.1 万元上涨至 624.28 万元,增长 56%,在日化行业位列第一。股权激励薪酬没有实现是因为业绩考核条件没有达标,这表明管理层没有把公司经营好,大股东不仅没有对此惩戒经营者,反而通过了董事会提出的提高货币薪酬的预案。这进一步佐证了大股东通过薪酬收买管理层的动机。

3.3.2　三轮股权激励计划披露前后的市场表现

法规明确规定行权(授予)价格的底线应以股权激励计划草案披露前公司标的股票的市价为基础来确定。①为了压低股权激励的获取成本,福利动机和合

---

①　2006 年 1 月 1 日实施的《上市公司股权激励管理办法》(试行)仅对股票期权的行权价格底线进行了明确,规定股票期权的行权价格不应低于股权激励计划草案摘要公布前 1 个交易日和前 30 个交易日内的公司标的股票平均收盘价的较高者。2006 年 9 月国资委、财政部联合出台的《国有控股上市公司(境内)实施股权激励试行办法》,不对股权激励方式进行区分,统一要求,对于国有控股上市公司,股权激励的授予(行权)价格不应低于股权激励计划草案摘要公布前 1 个交易日和前 30 个交易日内的公司标的股票平均收盘价的较高者。2008 年 3 月证监会出台的《股权激励备忘录 1 号》进一步规定了限制性股票授予价格的折扣问题:如果标的股票的来源是存量,即从二级市场购入股票,则按照《公司法》关于回购股票的相关规定执行;如果标的股票的来源是增量,即通过定向增发方式取得股票,其实质属于定向发行,发行价格不低于定价基准日前 20 个交易日公司股票均价的 50%。

谋动机的股权激励在管理层自利或者控股股东—管理层利益共同体掏空的环境中,作为激励对象的管理层会通过压低股权激励计划草案的披露前的公司股价或在公司股价较低的情况下推出股权激励计划,以便获得较低的行权(授予)价格,提高管理层未来的收益(Yermack,1997;张治理等,2012),这已得到大量经验证据的支持(Aboody & Kasznik, 2000; Narayanan & Seyhun, 2008;杨慧辉,2009;Brockman et al., 2010)。因此,首先运用企业实施股权激励前的标的股票累计超额收益率(见表3-4)来识别股权激励动机。福利动机和合谋动机的股权激励在行权定价基准日(股权激励计划草案公告日)前标的股票的超额累计收益率[①]将为负值,从而降低行权(授予)价格。

从表3-4来看,第一轮[②]和第三轮股权激励在股权激励计划草案披露日前30个交易日的CAR均为负,而第二轮股权激励计划在股权激励计划草案披露日及其前30个交易日的CAR则为正。这直观地表明,在管理层权力主导下的第一轮股权激励和控股股东权力主导下的第三轮股权激励中,内部人存在股权激励计划草案披露前压低股票价格以获得较低的行权(授予)价格的行为。验证了这两轮股权激励的非激励动机。而且,对于管理层权力主导下的第一轮股权激励方案,在后续的一年多的修订中,公司股票价格已经发生巨大的变化,市场价已经达到50元/股左右,最高曾达到53.99元/股;而2007年12月27日披露的修订稿中,授予价格仍按照2006年拟定的8.94元/股的价格不变,这样的定价已被质疑为明显的福利输送(邵帅等,2014)。这也在一定程度上体现了管

---

① 公司股票的超额收益率 = $\sum$ 公司股票日收益率 - 行业日收益率(Wind二级行业中家庭与个人用品行业的市值加权收益率)

② 在第一轮股权激励方案发布前的2006年6月14日,公司由于股权分置改革事宜停牌;7月19日,公司发布股权分置改革实施公告,7月24日是股权分置改革后公司股票恢复交易的第一天。在计算股权激励计划草案首次披露前的CAR时,我们剔除了2006.6.14—2006.7.23这段停牌时间。虽然该轮股权激励预案进行了大幅修订,于2007年12月27日再次披露,但是修订方案中的授予价格仍然延续首次预案已确定的金额8.94元/股,而非按照再次披露日前的市价确定。因此,不涉及压低再次披露日前的市价的问题。

理层权力主导下的股权激励的福利动机。

表 3-4 三轮股权激励计划草案披露日前的超额累计收益率(CAR)统计

基准日	第一轮 2006.7.25	第二轮 2012.4.7	第三轮(董事长激励计划) 2014.4.11	第三轮(管理层激励计划) 2015.6.19
(−30, 0)	−0.019 6	0.086 5	−0.119 5	−0.105 1
(−10, 0)	−0.095 6	0.024 8	−0.041 8	−0.049 2
(−5, 0)	−0.022 9	0.001 4	−0.030 5	−0.019 9

福利动机设计的股权激励,会加剧管理层的代理问题,收买动机设计的股权激励,会加剧控股股东的代理问题,二者均会损害公司价值,得不到市场的认同。基于有效市场假说,所有信息都会很快被市场参与者领会并立即反映到市场价格中。因此,福利动机和合谋动机的股权激励计划的披露,会带来市场的负面反应;而激励动机的股权激励计划的披露,会带来市场的正面反应。通过对股权激励计划披露后的市场反应分析间接印证了激励动机。

第一轮股权激励计划草案披露日前一日是家化股权分置改革后首日恢复交易,股价涨幅高达 13%,按照惯性,这一上涨应具有一定的延续性,但从表 3-5 看,第一轮股权激励在股权激励计划草案披露日的 CAR 仅 0.23%,事件日及之后 2 日的 CAR 翻转为负,至事件日之后 5 日仍为负。这说明市场对这套方案并不认同。在第一轮股权激励计划草案(修订稿)披露日及其后续 5 个交易日内的 CAR 均为负,同样表明市场对这套修订方案的不认同。第二轮股权激励计划在股权激励计划草案披露日及其后 5 个交易日的 CAR 则为正,这表明市场预期上海家化的此次股权激励方案能够显著改善公司经营业绩,提升投资价值。到了平安取得家化实质控制权后的第三轮股权激励,无论是董事长激励计划的披露,还是管理层激励计划的披露,在股权激励计划草案披露日及其后 5 个交易日的 CAR 均为负,市场对这轮股权激励方案也不看好。几轮方案的市场反应结果佐证了前述对于激励动机的判断,国有背景管理层权力主导下的激励总体市场反应较差,并不被投资者认可;民营背景下管理层与控股股东存在权力制衡时的激励总体市场反应较好,而控股股东权力主导时的总体市场反应又变差。表明在管理层权力主导下的第一轮股权激励和控股股东权力主导下的第三轮股权激励中,内部人存在股权激励计划草案披露前压低股票价格以获得较低的行权价格的行为。验证了这两轮股权激励的非激励动机。

表 3-5　三轮股权激励计划草案披露日后的超额累计收益率(CAR)统计

基准日	第一轮 2006.7.25	第一轮 (修订稿) 2007.12.27	第二轮 2012.4.7	第三轮 (董事长激励计划) 2014.4.11	第三轮 (管理层激励计划) 2015.6.19
0	0.002 3	−0.002 8	0.008 9	−0.008 9	−0.007 4
(1, 2)	−0.021 3	−0.045 4	0.016 7	−0.012 5	−0.009 1
(1, 5)	−0.012 7	−0.050 9	0.020 3	−0.010 0	−0.004 3

3.4　异质动机下的股权激励对公司业绩的影响分析

有效的投资行为才能给公司带来价值的增长,非效率投资行为则会带来公司业绩的下滑。表 3-6 总结了上海家化三轮股权激励前后盈利能力指标数据。2007 年上海家化净利润较 2006 年大幅增长,高达 107.75％, 2008 年至 2009 年两年的股权激励禁售期,净利润增长回落,增长率分别为 25.21％和 27.98％;2010 年第一年解锁,净利润增长率仅 18.15％。究其原因,在于第一轮股权激励方案仅对 2007 年业绩进行考核,对随后的业绩并无要求。激励期限较短,目标单一,而且不能排除管理层运用盈余管理操纵会计业绩的可能。

第二轮股权激励的实施,上海家化的净利润和扣除非经常性损益的净利润均大幅增长,同比增长率分别高达 72.02％和 61.6％(该轮股权激励实施前的 2010 年的净利润增长 18.15％, 2011 年 31.06％,扣除非经常性损益的 2010 年净利润增长 18.55％, 2011 年 29.25％)。而且,2012 年至 2014 年,无论是净利润还是扣除非经常性损益的净利润,均高于行业中值水平。以最直接反映公司产品研发成果转化能力的扣除非经常性损益的净利润来看,2010 年和 2011 年约为行业中值水平的 10 倍,2012 年约为行业中值水平的 16 倍,2013 年约为行业中值水平的 20 倍,2014 年约为行业中值水平的 19 倍。

第三轮股权激励以营业收入为主要业绩考核指标。2014 年起,家化的净利润虽仍在增长,但增长速度降低;2015 年净利润虽然实现了大幅增长,同比增长 146.12%,但其扣除非经常性损益的净利润同比增长为一6.38%。

表 3-6　股权激励实施后的业绩变化(%)

年度	营业利率增长率	净利润增长率	扣非净利润增长率	ROE 增长率	扣非 ROE 增长率
2007	83.5	119.14	57.32	112.85	89.34
2008	23.78	39.58	68.58	13.83	35.26
2009	28.28	26.07	25.9	3.08	2.96
2010	2.2	18.15	18.55	2.26	2.55
2011	49.19	31.06	29.25	12.38	10.84
2012	64.29	72.02	61.6	24.36	16.71
2013	30.75	28.76	39.97	一10.37	一2.45
2014	20	12.22	11.68	6.59	6.08
2015	129.35	146.12	一6.38	74.75	一33.32

3.5　本章小结

本章以上海家化为研究对象,采用案例研究法,首先分析了股权激励契约设计所形成的契约结构要素选择与企业实质控制权人(管理层—控股股东权力博弈结果)动机的内在联系,发现:

股权激励契约设计动机体现的是管理层与控股股东权力博弈的结果。股权激励预案由董事会提出,在管理层控制董事会时,股权激励预案的设计容易沦为管理层自定薪酬、自谋福利的工具;但董事会在推出股权激励预案时需考虑该预案是否能在股东大会上表决通过,得到控股股东的首肯。因此控股股东积极的监督效应的发挥可以形成与管理层的权力制衡,抑制股权激励设计中的福利动机,体现股权激励的激励动机。提出第一轮和第二轮股权激励方案的上海家化的董事会虽均由以原董事长葛文耀为首的管理层控制,但两轮股权激励契约的条款设计却迥然不同,原因在于两轮股权激励推出时公司控股股东的治理效应发生变化。第一轮股权激励方案是在公司为国有控股时提出,国有企业所有权缺位问题使得国有控股股东对管理层行为无法进行实质有效的监督,致使该轮股权激励契约的设计完全体现管理层自谋福利的动机。第二轮股权激励方案是在公司刚变身为民营企业时提出,尚未取得公司实质控制权的民营控股股东为保障自身的利益不受管理层侵占,发挥了对管理层自利行为的监督效应,管理层与控股股东权力的制衡使得该轮股权激励契约的设计体现出抑制管理层自利的激励动机,使得股权激励体现缓解管理层代理冲突的激励动机初衷。在经历了控制权之争的阵痛和管理团队更替带来的波折后,控股股东已经控制上海家化董事会,能对管理层进行有效控制,管理层代理问题已经相对弱化;此时,推出的第三轮股权激励计划不再是以缓解管理层代理冲突为动机,而是成为控股股东稳定人心、收买管理层的工具。

本章的研究结论表明,国有企业环境下"所有者缺位"和创江山型企业家的长期任职所导致管理层权力主导下的股权激励具备福利动机;而追求短期收益的金融资本逐利的天然属性使作为上海家化控股股东的"平安系"在控制上海家化董事会、取得公司实质控制权后推出的股权激励,则成为收买管理层为其实现控制权私利的工具。因此,公司内部管理层与控股股东的权力博弈直接影响股权激励的设计动机。管理层权力主导和控股股东权力主导所造成的内部人控制问题,使得股权激励沦为内部人谋取私有收益的工具,损害公司价值。因此,后续章节将进一步分析控制权配置影响股权激励设计动机进而引导管理层不同的投资偏好的作用机理,并通过大样本的实证检验,获取不同设计动机下的股权激励对公司投资效率产生异质影响的经验证据。

国内学者的研究已表明,一方面,学术界普遍认为国有企业和非国有企业在资本市场中的融资地位存在差异,两类企业在投融资行为上的差异是由资本市场资金配置效率的不同造成的。不同所有权性质的公司的非效率投资呈现不同的特点,国有控股上市公司由于政府干预、债务融资软约束,以及政策信息的快捷获取,更容易出现选择净现值小于零的项目进行投资的过度投资行为(唐雪松等,2007;程仲鸣等,2009;钟海燕等,2010;俞红海等,2010);而非国有控股上市公司则由于融资约束导致现金流不足,更容易出现放弃净现值大于零的投资项目的投资不足问题(刘星等,2009;张功富等,2009;肖珉等,2014;李延喜等,2015)。另一方面,公司的所有权性质不同所导致委托代理的差异会影响股权激励的实施效果(周仁俊,2010;吕长江,2014)。因此,有必要区分所有权性质,研究不同性质的控股股东的投资目标差异导致的股权激励对公司投资效率的异质影响。

4. 控制权配置、股权激励与
国有控股公司投资效率

我国上市公司在国有经济和国有企业的改革进程中,由于国有经济存量布局的历史和地域延承性,以及在国有经济布局结构调整过程中对超产权的中央和各级地方经济利益关系的综合权衡,使得包括上市公司在内的所有国有经济成分均被纳入了分级控制的体制框架。国有资产管理体制改革始终贯穿于国企改革的过程中。从计划经济体制建立到党的十六大之前,国有资产管理体制基本上是"国家统一所有,中央与地方分级管理或分级监管",各级国有资产管理权限分布于各级政府的相关经济职能部门之中。党的十六大确定了新的国有资产管理体制框架,在坚持"国家统一所有"的原则下,从原来的"分级管理"深化到"分级履行出资人职责",并将各级财政部门、经贸委和企业工委的相关国有资产管理职能归并于新组建的国资委,由各级国资委统一履行出资人职责。在分级履行出资人职责的国有资产管理制度下,国有控股上市公司的终极控制权呈现出中央和各级地方国资委分别履行的鲜明特征。与此同时,在国有企业通过完成股份制改革进而实现上市的过程中,主要选择了分拆、捆绑和整体三种改制上市模式。其中,由于中央企业的规模通常庞大,直属的二级企业不仅数量众多、地域分布广,而且经营状况参差不齐,因此在改制上市的过程中基本采用分拆模式,从而形成国资委—央企集团—上市公司的典型所有权控制模式。而对于地方国有企业,则形成各级国资委(局)终极控制下的企业集团控股、国有资产经营公司控股和国资委(局)直接控股三种所有权控制方式(见图4-1)。

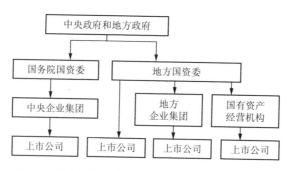

图 4-1　国有控股上市公司所有权的控制类别和层级

4.1　高管私利、股权激励对非效率性投资行为的影响

4.1.1　高管私利与国有控股公司非效率性投资特征

大量的理论研究和经验证据都表明,我国国有控股公司呈现"政府干预"和"内部人控制"两大公司治理特征(俞红海等,2010;周春梅等,2011;李延喜等,2015)。国有企业的投资行为不仅需要满足其经营目标的需要,还会在一定程度上受到政府目标的约束。因为作为国有企业终极控股股东的政府在考虑国有企业经济效益的同时更需要考虑其社会福利。从政府的社会目标动机分析,政府会多抱有促进经济增长、增加社会福利、实现充分就业等较为现实的任务目标,此时政府有动机也有能力实现其社会性目标与政治性目标的同一并内化到其控制的企业中,导致企业的投资行为不是完全遵循风险与收益匹配的原则。例如政府能够对某些国有企业提出进行能源和交通等基础设施项目投资或者参与地方经济发展建设的要求,同时上市公司通过融资行为对地方国有资产实现了重新配置,优化重组,帮助部分企业脱贫的同时填补财政赤字,提高就业水平。美国 2008 年爆发的金融风暴使全球经济遭受全面打击,我国亦难避免。政府为了拉动经济应对中国经济外部需求急剧收缩的状况,开启 4 万亿元投资计划,这些投资项目需要通过作为微观经济体的企业来落实。国有企业自然成为政府最容易干预的对象,通过扩大投资创造新的工作岗位,以实现 GDP

的增长、就业率提高的宏观经济目标。同时，政府为了促进企业进行扩张性投资，会对那些内部资金不足的国有企业进行支持，如税收减免或者发放补贴等，从而缓解资金约束对投资的影响。这种情况下，政府干预程度越强，对企业的这种支持性动机也越大，从而能够缓解企业的投资不足(张功富，2011)。因此，国有控股公司"政府干预"会导致其非效率性投资行为，特别是过度投资行为的出现。

"政府干预"使高管存在利用过度投资进行自我隐性激励和提升政绩以实现政治晋升的动机，"内部人控制"则使高管具备了该动机实现的能力。从法律赋予的权利层面来看，国有控股公司的产权属于人民，而人民对所有权是难以行使的，所以一般都是政府委托国资委行使国有产权。国有控股公司的高管人员都是由国资委直接任命，公司的日常经营活动都是高管全权负责，政府和国资委并不参与具体的公司经营活动，这就导致国有控股公司所有者缺位，出现管理层的"内部人控制"现象。因而更容易产生国有企业的高管追求私人收益最大化而非股东利益最大化的行为，导致企业非效率投资。第一，目前我国国企高管的薪酬考核体系中，业绩考评系数占有较大比重，而这一指标的加权计算主要依赖于企业的资产规模、净资产收益率、利润总额、营业收入、职工平均人数、技术投入比率等，其中资产规模、利润总额、营业收入、职工平均人数等权重都与企业规模具有较强的正相关性(马伟，2013)。因此，国企高管可以通过过度投资来扩大企业规模，从而提升业绩考评系数，以这种机会主义行为迎合业绩考评，获得货币薪酬的提高。第二，国有控股公司高管薪酬管制的"政府干预"，严重束缚激励机制的有效性，高管的付出与其业绩型报酬间的因果关系模糊。按照委托代理和激励理论，当高管的显性货币薪酬无法与其经营付出配比时，高管会通过过度投资进行"帝国构建"(Hart, 1995; Richardson, 2006)，实现自我隐性激励和更多的在职消费。国有公司所有权缺位导致的"内部人控制"问题使得国有控股股东对高管行为的影响体现为产权上的超弱约束(杨华军、胡突明,2007;冉茂盛等,2010);高管享有公司的实际经营控制权,可以按自己的意志来经营公司,也就有了左右公司投资决策,通过过度投资实现自身利益的能力(冉茂盛等,2010;李延喜等,2015)。第三,除了货币激励和隐性激励,对于国有企业高管而言,还存在政治晋升的特有激励。2006 年出台的《党政领导干部交流工作规定》就明确规定:"实行党政机关与国有企业事业单位之间的干部交流。选调国有企业事业单位领导人才到党政机关任职,推荐党政领导干部到国有企业事业单位任职。"国有控股公司高管与政府公务人员之间的相互调任使国有控股公司高管存在为政治晋升提高自身政绩的动机。政治晋升愿望的实现往往与 GDP 和财政这两项业绩考核的重要指标直接相关(周黎安,2004;Li 等,2005),利用投资来追求公司的扩张迎合了考核政绩的指标,通常基于快速发展、收入增长、做大做强的高成长理念,自然会成为高管提升政绩的有效途径。

基于上述分析,提出第一个理论假设:

H1:国有控股上市公司的非效率性投资主要体现在过度投资;

4.1.2　股权激励对非效率性投资行为的影响

股权分置改革后,2006 年我国在上市公司试行与西方国家基本同质的股权激励机制,将股票期权、限制性股票等股份支付引入高管薪酬组合中,以期缓解高管自利行为引发的代理问题。高管股权激励式薪酬取决于标的股票的价格,为了实现股权激励薪酬的最大化,高管有强烈的动力通过努力经营和正确的决策实现公司价值的增值,从而提升公司股价。体现在投资决策方面,为了避免对公司未来业绩增长带来不利影响,在投资备选项目没有特殊价值的情况下,高管一般不会选择净现值小于 0 的投资项目,这就可以降低高管基于"帝国构建"、在职消费等自利目的的过度投资行为(Jensen & Meckling, 1976; Jensen & Murphy, 1990)。同时,随着政府近年来对国企高管三公消费的限制,高管通过在职消费进行隐性自我激励的可实现程度降低,作为高管薪酬组合的一项重要内容的股权激励薪酬成为其薪酬财富的主要增长点,高管更有动力减少损害公司价值的过度投资行为,优化经营和财务决策,增进公司价值以提升股价,实现股权激励薪酬的最大收益。

董事会作为公司内部治理的核心,不仅是公司的决策中心,其中的独立董事更是对管理层实施有效监督的主体。根据证监会《关于在上市公司建立独立董事制度的指导意见》中规定,上市公司董事会成员中应当至少包括1/3独立董事;根据《上市公司治理准则》的规定,上市公司董事会下设的薪酬与考核专业委员会中独立董事应占多数并担任召集人。而国资委颁布的2006年《国有控股上市公司(境内)实施股权激励试行办法》和2008年《关于规范国有控股上市公司实施股权激励制度有关问题的通知》则要求实施股权激励的国有控股上市公司要达到外部董事(包括独立董事)占董事会成员一半以上、薪酬与考核委员会全部由外部董事组成,逐步减少国有控股股东的负责人、高级管理人员及其他人员担任上市公司董事的数量,增加董事会中由国有资产出资人代表提名的、由公司控股股东以外人员任职的外部董事或独立董事数量,使董事会真正成为各类股东利益的代表和重大决策的主体。这表明,与非国有控股上市公司相比,国有控股上市公司实施股权激励所要求的公司独立董事治理环境更为严格,更有利于发挥独立董事对高管自利行为的监督作用。

而且,国有控股公司股权激励的业绩考核体系比非国有控股公司更为严格,业绩考核条件标准更高。国务院国资委和财政部联合颁布《关于规范国有控股上市公司实施股权激励制度有关问题的通知》,明确要求国有控股上市公司提出股权激励方案必须建立完善的股权激励业绩考核体系:业绩考核指标应包含反映股东回报和公司价值创造等综合性指标,反映公司赢利能力及市场价值等成长性指标,反映企业收益质量的指标;上述三类业绩考核指标原则上至少各选一个。授予的业绩条件,应不低于公司近3年平均业绩水平及同行业

（或选取的同行业境内、外对标企业，行业参照证券监管部门的行业分类标准确定）平均业绩（或对标企业 50 分位值）水平。行权的业绩条件，在授予时业绩水平的基础上有所提高，并不得低于公司同行业平均业绩（或对标企业 75 分位值）水平。凡低于同行业平均业绩（或对标企业 75 分位值）水平以下的不得行使。更高要求、更为严格的股权激励业绩评价标准和条件使得国有控股公司管理层必须更为约束自身的自利行为，进行科学的决策提升公司价值才能完成业绩考核要求以实现其股权激励薪酬，体现在投资决策上，就是降低损害公司价值的过度投资行为。

因此，更为严格的股权激励业绩考核评价要求和更高比例独立董事监督的双重作用下，国有产权中实施股权激励有提升公司价值的"利益趋同"效应（周仁俊等，2012），体现在投资决策方面，也就是过度投资行为的有效抑制。

但是，根据现代投资组合理论，不能把鸡蛋放在同一个篮子里，高管已经在企业里投入了人力资本，如果再在企业中投入更多股份的话，势必承担较大的风险。作为风险回避者，高管一旦发现他承受的风险已超出其风险收益权衡最优点时，其会采取降低自身风险的策略，而风险中性的股东，收益权衡最优点的风险要比高管认为的最优点风险高，高管的回避风险策略意味着回避风险时就回避了收益，所以让高管承受超过其最优点的风险可能不会带来公司价值的提升，即授予高管过多的股权激励并不能调动他们的积极性，进而提高公司的价值。而且，国资委对国有控股上市公司的高管股权激励薪酬的管制会束缚股权激励的实施空间和激励效果。从理论上而言，股权激励是高管薪酬组合的重要组成部分。股权激励强度越高，公司股价的提升对高管薪酬总额增加的贡献度越大，高管越有动力通过改善投资效率实现公司价值的增长以促使股价的提升。

2008 年国资委颁发的《关于规范国有控股上市公司实施股权激励制度有关

问题的通知》规定,在行权有效期内,高管股权激励收益占本期股权激励授予时薪酬总水平(含股权激励收益)的最高比重,境内上市公司原则上不得超过40%;股权激励实际收益超出上述比重的,尚未行权的股权激励不再行使或将行权收益上交公司。当高管股权激励的水平过高时,高管股权激励薪酬很容易触及管制底线,即使高管通过努力工作和正确决策提升公司价值,实际上也无法获得全额的股权激励薪酬收益,这将削弱股权激励的"最优契约"效应。而且随着股权激励水平的提高,高管拥有的公司股权比例上升。按照"管理层权力"理论(Bebchuk & Fried, 2003),随着高管持股比例的增加,高管对公司的控制权加大;此时的股权激励会加剧国有控股上市公司"内部人控制"问题。当高管的货币薪酬和股权激励薪酬都受到管制无法实现收益最大化时,其对在职消费和政治晋升等隐性激励的追求会增大。高管可能通过过度投资的"帝国构建"行为一方面扩大所有者天然的信息劣势,使其在职消费更加隐蔽和难以发现;另一方面迎合政治晋升所需的增长和发展的政绩要求。因此,当股权激励水平过高时,股权激励不能发挥抑制过度投资的"利益趋同"效应,反而会产生加剧过度投资的"管理层防御"效应。

基于上述分析,提出第二个理论假设:

H2-1:在国有控股上市公司实施股权激励可以抑制过度投资,发挥提升公司价值的"利益趋同"效应;

H2-2:过度投资水平与股权激励水平呈现 U 形的区间效应关系。

4.2 国有控股类别与股权激励对非效率性投资的效应

4.2.1 股权激励对非效率性投资的效应在央企与地方国企的差异

虽然整体上而言,国有控股公司的"政府干预"会在一定程度上诱发过度投资这种非效率性投资行为,但是,国有资产所有权的实际持有和行使主体又不相同,将导致国有企业内部投资决策存在差异。从行政和财政分权以后,中央与地方政府分配了权限和职能,并下放了更多的事权于地方。地方政府承担着实现地区经济的增长、增加财政收入、提高就业水平、维护社会稳定的职责。虽然分权改革增加了地方政府对税收以及一些资源的掌控权,提升了地方政府加快经济发展的动机;但与此同时也扩大了地方政府对企业控制和干预的权利,增加了对地方企业的索取权和控制权(沈永健,张天琴,2011)。

朱恒鹏(2004)在对 1994 年分税制改革影响中央政府和地方政府收入支出的对比分析中发现:分税制改革前,地方财政收入占整个国家财政收入的 70%以上,实施分税制改革当年,这一比重由上一年度的 78%迅速下降到 44.3%,此后年度均基本稳定在 50%以下。与此相对应的是,分税制改革基本上没有影响中央和地方财政支出格局。分税制改革前后,中央政府本级财政支出所占比重稳定在全国财政支出的 30%左右,地方政府财政支出所占比重稳定在 70%左右。这表明,在分税制改革后,中央政府财政收入扩大,财政支出比重基本不变,中央政府利用中央国有企业增加财政收入或实现其他经济与社会目标的动机不强。而分税制改革大大减小了作为地方政府财政收入主要来源之一的税收收入比重,财政支出比重却基本未变,这就显著扩大了地方财政收支缺口,增加了地方政府的增收节支压力,使得地方政府利用地方国有企业追求地方经济发展以及其他经济和社会目标的动力增强。因此,地方政府比中央政府有更大的动机对企业的投资行为进行影响。

国有企业规模的扩大,能够在一定水平上提供更多的产出和税收的增加,为地区提供更多的就业岗位,有利于政府社会性目标的达成。而且,政府官员的人事任免、业绩考核与当地的政府绩效相关,同一行政级别的地方官员,无论是省、市、县还是乡镇一线,都处于一种政治晋升博弈中,或者是"政治锦标赛"(周黎安,2004)。为了实现政治晋升,政府官员就会控制上市公司的投资决策,通过扩大投资规模,提供更多的产出和就业水平。因此,在实现地区经济发展及官员私利的情况下,地方政府更有动机通过各种手段对国有企业进行施压,引发地方国有企业进行过度投资。作为控股股东的地方政府干预动机的强烈性,一方面会直接通过行政干预引发地方国企的过度投资;另一方面会诱发更为严重的地方国企高管主动过度投资以迎合政治晋升考核政绩的指标要求。因此,在地方国有控股上市公司实施的股权激励,地方政府干预、地方国企高管政治晋升需求所诱发的对过度投资行为的偏好,与本书上一部分分析得出的股权激励的实施可以缓解管理层自利引发的过度投资的积极治理效应将产生冲突,削弱股权激励对过度投资这种非效率性投资的抑制作用。

　　中央国有控股公司的出现是中国国有经济布局战略性调整的结果。在"有进有退,有所为、有所不为"方针的指导下,国有资本逐渐从底层和竞争性领域退出,逐渐向关系国家经济命脉和国家安全等领域的大企业集中,而中央国企就在这种调整中凸显,并且在这种调整中发展壮大。2006 年,国务院国资委正式颁布《中央企业投资监督管理暂行办法》和《中央企业投资监督管理暂行办法实施细则》,系统规范中央企业的具体投资行为,规定中央企业投资要坚持的八条原则①和定量管理指标②;还明确规定中央企业的投资决策程序、投资管理方式以及投资机构安排。而且,除国资委之外,国家发展改革委员会对中央企业的投资也拥有审核和部分监管权。国务院国资委于 2010 年起在我国全部央企中正式实施经济增加值(EVA)业绩考核指标。这表明,出于国家战略性经营的考虑,作为中央企业终极控制人的中央政府更多的关注国有资本的增值保值,提高国有企业经营效率和成长能力,以防止国有资产的流失。因此,在中央国有控股公司的股东治理方面,央企中的控股股东与中小股东之间的代理冲突对投资方面的影响没有那么强烈;为了避免国有资产的流失,国有控股上市公司中控股股东更倾向于监督高管行为(刘星,2007;王咏梅等,2011);而国企高管的政治意图、职位升迁等因素使其必须妥协于控股股东的监督。此时,央企发生的过度投资这种非效率性投资行为更多的将是在不可避免地存在信息不对称的现实环境中由管理层自利而诱发。此环境中实施的股权激励,控股股东对过度投资的政府干预偏好的弱化和对国企管理层监督效应的强化,与上一部分分析得出的股权激励的实施可以缓解管理层自利引发的过度投资的积极治理效应的双重作用,将使中央国有产权中实施股权激励更能有效地抑制过度投资的非效率性投资行为一致。此时,管理层需要更高的股权激励水平才能提高自己的控制权,进而通过过度投资的"帝国构建"行为扩大所有者天然的信息劣势,使其在职消费更加隐蔽和难以发现,获取控制权私利。

基于上述分析,提出第三个理论假设:

H3-1:与地方国有控股上市公司相比,中央国有控股上市公司实施股权激励抑制过度投资的"利益趋同"效应更强;

H3-2:与地方国有控股上市公司相比,中央国有控股上市公司实施股权激励加剧过度投资的"管理层防御"效应需要更高的股权激励水平。

4.2.2 股权激励对非效率性投资的效应在异质直接控股股东的差异

政企分离是国有企业改革达到目的的基本前提。2003 年以来,国有公司的政企关系由过去的政府直接监管到政府通过授权国资委对国有公司实施监管。国资委成为国有控股上市公司的终极控股股东,但国资委对国有控股上市公司的影响存在直接影响和间接影响两类。直接影响是指国资委为国有控股上市公司的直接控股股东,由于国资委是政府的一个职能部门,仍然受命于政府,政府还是能通过国资委直接影响国企经营。间接影响是指某大型国有公司是国有控股上市公司的直接控股股东,国资委通过多层级控股结构的控制链,实现对国有控股上市公司的间接影响。国有控股上市公司不同的直接控股股东,对上市公司的政府干预是不相同的(冉茂盛等,2010)。由国资委直接控股上市公司,便于政府直接进行行政干预;而国有公司为直接控股股东的上市公司,其复杂和更长的控制链形式淡化了最终在上市公司中的国有股权的行政色彩,政府干预能力相对较弱。

国资委为直接控股股东的上市公司受国资委的直接干预,政府干预的程度较深,上市公司高管大多由国资委直接任命,"高管入仕"这一政治晋升的可能性相对更大。此时,政府既有动机也有能力将自身的社会性目标或政治目标内部化到直接控制的上市公司中,这使得上市公司的投资行为更可能偏离公司价值最大化的目标,导致从支持地方经济建设、提高 GDP 等为目的的盲目的过度投资行为。上市公司高管的行政任命和政治晋升诉求使得高管包括股权激励在内的薪酬激励的作用难以发挥,高管的过度投资既迎合了政府经济增长的目标,又使得高管有了政绩,增加了其政治晋升的资本,还可以使高管享受到"帝国构建"形成的隐性自我激励。因此,在国资委为直接控股股东的上市公司实施股权激励,并不能发挥股权激励的"利益趋同"效应,体现在投资决策方面,不能有效地抑制过度投资行为。

相反,国有公司为直接控股股东的上市公司,虽然其最终控制人还是代表政府的国资委,政府还是可以通过控制链条间接地干预上市公司,但是首先由于直接控股股东具有追求经济效率的诉求,其行为相对市场化,政府影响甚至左右上市公司投资决策以实现自身的社会性或政治性目标的能力相对较弱,上市公司受政府干预的程度相对较小。其次,作为国有公司子公司的上市公司高管是由其母公司确定选择方式,或者从母公司高管中选派,或者市场选派,因此国有公司为直接控股股东的上市公司高管比国资委为直接控股股东的上市公司高管更容易被撤换(冉茂盛等,2010),上市公司高管行政升迁的可能性相对较小,上市公司高管希望通过过度投资提升政绩,实现政治晋升的动机相对不强。第三,作为子公司的上市公司,其经营业绩直接影响了母公司的国有公司业绩,而且相对于国资委,国有公司能熟悉公司的经营管理,因此直接控股股东更有动力和能力激励和监督上市公司的生产经营,在高管激励与监督上的治理效率更高。这一方面相对缓解了上市公司的"内部人控制"问题,另一方面也可以限制高管因股权激励水平过高而加剧的"管理层防御"效应。体现在投资决策上则是股权激励可能加剧的高管基于自利目的过度投资行为不易发生,股权激励更容易产生抑制高管基于自利目的过度投资行为的"利益趋同"效应。

基于上述分析,提出第四个理论假设:

H4-1:与国资委为直接控股股东的上市公司相比,国有公司为直接控股股东的上市公司实施股权激励抑制过度投资的"利益趋同"效应更强;

H4-2:与国资委为直接控股股东的上市公司相比,国有公司为直接控股股东的上市公司中实施股权激励加剧过度投资的"管理层防御"效应更不容易产生。

4.3 股权激励方式对非效率性投资的影响

按照《上市公司股权激励管理办法(试行)》和《国有控股上市公司(境内)实施股权激励试行办法》的规定,国有控股上市公司采用的权益结算的股权激励方式主要包括限制性股票和股票期权两种。早期西方的研究和实践经验多表明股票期权的激励效果强于限制性股票,因为股票期权所提供的激励对象只享有行权获利的权利,不需要承担必须行权的义务的凸性激励,以及股票期权价值与标的股票价格的波动(即风险)性正相关,可以改变高管对风险的厌恶程度,更能激励风险厌恶型高管按照股东的风险承受能力进行生产经营和财务决策(Ross, 2006;Panousi et al., 2012),缓解高管因"偷懒"(Jensen, 1990)和风险规避(Myers et al., 1984)而产生的投资不足行为。但安然和世通的假账丑闻、美国上市公司的股票期权倒签丑闻潮以及2008年全球金融危机的归因研究都表明,高管股票期权激励提供过度的风险激励(Armstrong et al., 2012)是这些丑闻和危机产生的重要原因。凯等(Key et al., 2010)发现次级贷款证券化产品对应的基础资产(即银行的对外贷款)质量低劣是诱发美国次贷危机的主要原因之一,而金融机构高管股票期权激励与公司低质量贷款的提供显著正相关。贝伯查克(Bebchuk et al., 2010)分析了贝尔斯登和雷曼兄弟两家公司2000年至2008年的财务报表及高管薪酬结构,发现股票期权薪酬给予高管过度的风险激励(如过度依赖短期借款、过度投资)是导致公司破产的原因之一。因此,相对于限制性股票激励方式,股票期权方式提供的风险激励可能诱导管理层选择因风险过高而导致净现值为负的投资项目,加剧过度投资行为。

由于历史遗留问题的政策依赖和惯性,我国国有公司的高管仍多由政府任命而非市场选择,高管声誉机制没有发挥作用。高管存在明显的短期"任期经济",在"政治晋升激励"下,高管为了寻求政治上的晋升,更可能寻求短期利益以达成行政业绩,这本就使得我国国有控股公司的高管并非符合西方传统代理理论中有关风险厌恶型代理人的风险偏好的前提假设。而且,从等待期、禁售期和解锁期的规定而言,股票期权等待期的下限为一年,等待期满可进入行权期,达到相应业绩标准即可分次行权。获得股票期权激励的高管在行权购入股票后,股票的出售、转让将不会受到限制,而限制性股票首先在授予时有非常严格的限制,在授予后,持有者必须经过不低于两年的禁售期,才进入3—5年的解锁期。解锁期内,持有者达到解锁条件后,就可获得规定数量股票的流通权。由此可见,限制性股票更能体现出股权激励的长期激励性质。相对而言,股票期权激励较短的时限更迎合国企高管"任期经济",便于高管通过过度投资等方式造成公司快速增长的表面现象达成。因此,股票期权激励更容易诱发高管通过过度投资实现自身私利的机会主义行为,损害公司价值。

基于上述分析,提出第五个理论假设:

H5:与限制性股票激励相比,股票期权激励更容易产生加剧过度投资的"管理层防御"效应,损害公司价值。

4.4 实证分析

4.4.1 研究模型及数据来源

1. 样本选择及数据来源

我国资本市场和股权激励政策环境在 2009 年前后存在巨大差异：首先，股权激励的政策在 2006 年至 2008 年处于摸索制定阶段，证监会先后出台 3 个股权激励备忘录规范上市公司的股权激励，国资委也针对国有企业颁布《关于规范国有控股上市公司实施股权激励有关问题的补充通知》，对国有控股上市公司股权激励条件进行规范。其次，股权分置改革带动下资本市场在 2006 年至 2007 年处于非理性的疯狂状态。第三，2007 年新的企业会计准则的执行以及 2008 年国际金融危机使上市公司处于特殊的经济环境。这些噪音的存在可能使对该阶段股权激励的研究存在结论的偏差。因此，本书以 2009 年及以后年度推出股权激励计划并实施的国有控股上市公司为研究对象，剖析股权激励对非效率性投资行为的影响。本文数据来源于国泰安和万德数据库。

截至 2016 年 12 月 31 日，中国 A 股资本市场共有国有控股上市公司 1 005 家，其中地方国有企业为 657 家，中央国有企业为 348 家，剔除了 ST 公司、金融行业和数据不完整的公司，最终取得 2009 年至 2016 年共计 7 258 条公司一年度观测记录。其中包括 159 份（央企 83 份，地方国企 76 份）按照《上市公司股权激励管理办法》（试行）和《国有控股上市公司（境内）实施股权激励试行办法》披露的股权激励计划的公司—年度观测记录共计为 1 127 条。为降低异常值的影响，本文对变量进行了 1% 和 99% 分位的缩尾处理。

2. 非效率性投资衡量模型

国内外对非效率性投资的衡量方法认可度较高的有三种：边际投资效率模型、现金流与投资机会交叉乘项判别模型和残差度量模型。边际投资效率模型和现金流与投资机会交叉乘项判别模型只能对非效率性投资进行存在与否的定性判断,而残差度量模型可以定量衡量非效率性投资水平,适用性更强,也是我国学者研究非效率性投资行为的主要参考模型。因此,本书也借鉴残差度量模型(Richardson, 2006),并按照我国资本市场实际情况进行改良,把公司年度投资规模对投资机会、财务杠杆、自由现金流、公司规模、上年度新增投资等变量进行回归,得到的正残差(ε)即为企业的过度投资指标变量($OInv$),得出的负残差为企业的投资不足指标变量($UInv$)。具体如模型1:

$$Newinv_{it} = \alpha_0 + \alpha_1 Cash_{it-1} + \alpha_2 Growth_{it-1} + \alpha_3 Lev_{it-1} + \alpha_4 Size_{it-1} +$$

$$\alpha_5 Ret_{it-1} + \alpha_6 Age_{it-1} + \alpha_7 Newinv_{it-1} + \alpha_8 Year + \alpha_9 Ind + \varepsilon \quad (1)$$

模型1中,$Newinv$ 代表公司 i 第 t 年的新增投资支出,使用现金流量表数据将总投资扣除维持性投资计算。其中:总投资＝购建固定资产、无形资产及其他长期资产支付的现金＋取得子公司及其他营业单位支付的现金净额－处置固定资产、无形资产和其他长期资产收回的现金净额－处置子公司及其他营业单位收到的现金净额;维持性投资＝固定资产折旧＋无形资产摊销＋长期待摊费用摊销。考虑到我国资本市场的成熟性不高,易受到噪音干扰,市场指标存在偏差,因此用销售增长率作为投资机会(growth)的替代指标。模型中其他变量 Lev 为资产负债率;$Cash$ 为公司现金状况,等于公司经营现金净流量除以总资产;$Size$ 为公司规模,以总资产的自然对数表示;Ret 为年度股票收益率;Age 表示公司上市年数;$Year$ 和 Ind 为控制年份和行业的哑变量。

3. 股权激励对过度投资的效应检验模型

为了检验股权激励的实施对过度投资的影响,本书以样本和配对样本作为研究对象,采用双重差分模型(模型2),检验股权激励公司(EI 取 1)的股权激励方案的实施(Post 取 1)对过度投资水平(OInv)的影响。按照本书的假设,股权激励的实施可以抑制国有控股上市公司的过度投资,EI×Post 这一交互变量的回归系数应显著性为负,这将支持研究假设 H2-1。为了考察央企与地方国企的管理层股权激励的实施对过度投资抑制效应的差异(研究假设 H3-1),本书将区分央企或地方国企进行分组检验和差异比较。为了进一步考察直接控股股东类型(CCS)对管理层股权激励的实施在抑制过度投资方面的影响,本书在模型中加入了 $EI \times Post \times CCS$ 变量,若是这一交互变量的回归系数显著性为负,这将支持研究假设 H4-1。

$$OInv = \alpha + \beta_1 EI + \beta_2 Post + \beta_3 CCS + \beta_4 EI \times Post + \beta_5 EI \times$$
$$Post \times CCS + \sum \varphi_i controls + \varepsilon \tag{2}$$

为了检验股权激励的利益趋同和管理者防御在不同股权激励水平下产生的区间效应的研究假设 H2-2,本书建立如下的模型 3。按照本书的假设,股权激励水平(Level)的系数为负值,表明股权激励所产生的抑制过度投资的利益趋同效应在一定激励水平下起主导作用;$Level^2$ 为正值,表明过多股权激励造成了管理层防御的利益侵占效应的作用,反而加剧内部人自利的过度投资。为了考察央企与地方国企的管理层股权激励的实施对过度投资抑制效应的差异(研究假设 H3-1 和 H3-2),将央企或地方国企进行分组检验和差异比较。为了进一步考察直接控股股东类型(CCS)对管理层股权激励的实施在抑制过度投资方面的影响(研究假设 H4-1 和 H4-2),在模型中加入 $Level \times CCS$ 和 $Level^2 \times CCS$ 变量。为考察股权激励方式影响股权激励与过度投资方面的效应(研究假设 H5),在模型中加入 $Level \times CCS \times Option$ 和 $Level^2 \times CCS \times Option$ 变量。

$$OInv = \alpha + \beta_1 Level + \beta_2 Level^2 + \beta_3 CCS + \beta_4 Option + \beta_5 Level \times CCS +$$
$$\beta_6 Level \times CCS \times Option + \beta_7 Level^2 \times CCS + \beta_8 Level^2 \times CCS \times$$
$$Option + \sum \varphi_i controls + \varepsilon \tag{3}$$

大量的对国有企业过度投资的理论研究均表明,规模、成长性、自由现金流量、盈利能力等公司特征以及管理层在职消费、董事长与总经理两职合一、董事会监督、债权人监督等都会对公司的过度投资行为产生影响,而且过度投资在不同行业和不同年度会存在差异。因此,对影响过度投资的这些因素进行了控制。具体的变量定义见表 4-1。

表 4-1 研究变量定义

变量	变量名	含 义	计算方法
被解释	OInv	过度投资水平	模型 1 回归得到的正残差
解释	股权激励公司 EI		披露股权激励计划的样本取 1,否则取 0
	股权激励实施 Post		股权激励计划实施年度及以后取 1,否则取 0
	股权激励水平 Level		股权激励数量占公司总股本比例
	股权激励方式 Option		股票期权激励方式取 1,否则取 0
	直接控股股东 CCS		直接控股股东为企业取 1,否则取 0
控制	Growth	成长性	销售收入增长率
	Size	公司规模	总资产的自然对数
	Indir	董事会监督	独立董事占董事会规模的比例
	CeoChair	两职兼任	董事长、总经理两职兼任取 1,否则取 0
	ROE	盈利能力	净利润/股东权益
	MF	在职消费	管理费用/主营业务收入
	Debt	债权人监督	公司年末负债总额与资产总额的比值
	FCF	自由现金流量	经营活动现金流量净额—维持性投资—预期新投资
	行业 Ind		虚拟变量,按照证监会行业分类标准,公司属于第 i 行业年度时,取 1,否则取 0
	年度 Year		虚拟变量,公司属于第 t 年度时,取 1,否则取 0

4.4.2 实证结果与分析

1. 国有控股公司非效率性投资的描述性统计

以 2009 年至 2016 年沪深 A 股所有的国有控股上市公司 7 258 条公司—年度观测记录按照模型 1 进行回归,回归结果如表 4-2 Panel A 所示。模型的拟合度较好,具有较好的解释力度。根据回归结果计算了每家样本公司对应的残差(表 4-2 Panel B):整体而言,5 462 个样本为正残差,存在过度投资,占总样本量的75.25%,过度投资程度的均值为 0.032。进一步,中央国有控股上市公司样本中,1 527 个样本存在过度投资,占总样本量的56.16%,过度投资程度的均值为0.014;地方国有控股上市公司样本中,存在过度投资的占86.69%,过度投资程度的均值为0.061。这表明,我国国有控股上市公司的非效率性投资主要表现为过度投资行为,这验证了本章的研究假设H1;而且,与中央国有控股上市公司相比,地方国有控股上市公司存在过度投资行为的比例更高,过度投资的程度也更高。

表 4-2　非效率性投资情况

Panel A　预期资本投资模型的回归结果

	截距	$Cash_{t-1}$	$Grow_{t-1}$	Lev_{t-1}	$Size_{t-1}$	Ret_{t-1}	Age_{t-1}	Inv_{t-1}	F 值	$Adj-R^2$	样本数
系数	-0.083 ***	0.056 ***	0.024 ***	0.013	0.006 ***	0.042 *	-0.005 ***	0.531 ***	5.009 ***	0.408 6	7 258
T 值	3.726	4.726	7.008	0.952	3.217	1.664	6.179	5.105	5.823	—	—

注:*,**,*** 分别代表在10%,5%,1%的水平上显著(双尾)。

Panel B　非效率性投资的描述性统计

样　　本	非效率投资	N	均值	中值	标准差	最大	最小
全样本	OInv	5 462	0.032	0.024	0.087	0.532	0.001
	UInv	1 796	0.014	0.019	0.043	0.083	0.001
央　企	OInv	1 527	0.021	0.018	0.028	0.203	0.001
	UInv	1 192	0.023	0.028	0.059	0.083	0.001
地方国企	OInv	3 935	0.037	0.039	0.146	0.532	0.008
	UInv	604	0.009	0.011	0.027	0.074	0.001

注:投资不足程度(UInv)以模型1回归的负残差的绝对值表示。

2. 股权激励实施与否对过度投资的影响

国有控股上市公司非效率性投资行为主要表现为过度投资,因此进一步检验股权激励的实施对过度投资行为的影响。为直观地展示股权激励实际实施的公司与未推行股权激励计划的公司在相同年度过度投资程度的差异,将样本分为股权激励样本(披露股权激励计划的公司)与非股权激励样本(从未推出股权激励计划的公司)。

考察披露股权激励样本在股权激励已进入实际授予的实际实施阶段（Post
=1）与非股权激励样本对应期间的过度投资水平是否存在显著差异。表4-3 是

表4-3 非效率性投资描述性统计

样	本	样本数	均值	中值	标准差	极小值	极大值
全样本	股权激励样本	568	0.026	0.021	0.058	0.001	0.137
	非股权激励样本	4 296	0.038	0.027	0.155	0.001	0.532
	差异T(Z)值	\	−2.243*	−1.975*	\	\	\
央企	股权激励样本	342	0.019	0.014	0.025	0.001	0.096
	非股权激励样本	2 136	0.027	0.021	0.028	0.001	0.203
	差异T(Z)值	\	−2.694**	−1.901*	\	\	\
地方国企	股权激励样本	226	0.036	0.041	0.046	0.001	0.137
	非股权激励样本	2 160	0.039	0.037	0.031	0.001	0.532
	差异T(Z)值	\	−1.266	0.932	\	\	\
国有公司为直接控股股东	股权激励样本	440	0.023	0.019	0.043	0.001	0.137
	非股权激励样本	3 512	0.041	0.033	0.056	0.001	0.532
	差异T(Z)值	\	−3.412***	−4.577**	\	\	\
国资委为直接控股股东	股权激励公司	128	0.033	0.024	0.065 2	0.000 0	0.440 2
	非股权激励公司	784	0.031	0.022	0.069 3	0.000	0.459 6
	差异T(Z)值	\	1.094	0.963	\	\	\

注：*，**，*** 分别代表在10%，5%，1%的水平上显著（双尾）。

对比样本的过度投资的描述性统计结果及其差异分析。在 2009 年至 2016 年间,从全样本的比较结果看,无论是均值还是中值,实施股权激励的公司均比未推出股权激励的公司过度投资的水平低,表明在国有控股上市公司实施股权激励能有效抑制过度投资。进一步,将全样本按照两种分类标准进行子样本的划分。一类按照国有企业的地源归属,将全样本划分为中央企业和地方企业,另一类按照国有企业的直接控股股东类型,将全样本划分为国有公司为直接控股股东和国资委为直接控股股东两个子样本。

从央企与地方国企两个子样本的对比分析来看,第一,央企的过度投资水平比地方国企的过度投资水平低,这与本章理论分析的结论一致,地方政府更有动机通过各种手段对国有企业施压,引发地方国有企业进行过度投资。第二,在央企子样本中,实施股权激励的公司的过度投资水平的均值和中值均显著性地低于未推出股权激励的公司;而在地方国企子样本中,实施股权激励公司的过度投资水平与未推行股权激励公司的过度投资水平并没有显著性的差异。这直观地表明,股权激励的实施可以降低过度投资水平,而且在央企环境中实施股权激励,更能有效抑制过度投资行为。在一定程度上支持本章理论分析提出的研究假设 H2-1 和 H3-1。

国有公司为直接控股股东和国资委为直接控股股东两个子样本的对比分析也存在差异。在国有公司为直接控股股东的子样本中,实施股权激励的公司的过度投资水平的均值和中值均显著性地低于未推出股权激励的公司;而在国资委为直接控股股东的子样本中,实施股权激励公司的过度投资水平与未推行股权激励公司的过度投资水平并没有显著性的差异。这与本文的理论分析一致,政府机构为直接控股股东的上市公司由于较强的政府干预、高管入仕的政治晋升激励和内部人控制,会损害股权激励对过度投资的抑制作用,而在国有公司为直接控股股东的环境中实施股权激励更能有效抑制过度投资,一定程度支持本章的研究假设 H4-1。

进一步,按照模型2进行回归分析,结果见表4-4。首先,无论是从全样本还是在央企和地方国企的子样本的回归结果来看,EI×POST变量的回归系数均为负,并且均在1%的水平上具有统计意义的显著性。这表明,在控制了影响

表4-4 过度投资水平与股权激励的实施

	全样本		央 企		地方国企	
	系数	P值	系数	P值	系数	P值
EI	0.010 5	0.941	0.007 3	0.146	0.006 1	0.010
Post	−0.011 4**	0.036	0.008 9**	0.035	−0.080 6***	0.003
EI×Post	−0.008 5***	0.007	−0.015 4***	0.000	−0.003 9***	0.008
EI×Post 在子样本的组间差异P值			0.000			
EI×Post×CCS	−0.005 3**	0.031	−0.001 8*	0.094	−0.006 1***	0.003
EI×Post×CCS 在子样本的组间差异P值			0.000			
CCS	−0.006 7*	0.055	−0.002 9*	0.086	−0.008 2**	0.014
Size	0.003 1	0.492	0.002 0	0.954	0.001 6*	0.067
Growth	0.010 6*	0.079	0.009 5*	0.057	0.014 1**	0.023
ROE	0.013 4***	0.000	0.001 15*	0.063	0.015 4***	0.002
CeoChair	0.014 2**	0.036	0.012 5	0.053	0.020 9**	0.011
Indir	−0.005 9*	0.082	−0.010 1**	0.026	−0.003 5	0.779
MF	0.010 7*	0.065	0.009 6	0.122	0.011 4**	0.037
FCF	0.082 1**	0.036	0.005 8*	0.086	0.012 7***	0.000
Debt	−0.008 2*	0.088	−0.010 3*	0.069	−0.007 8	0.138
截距	−0.156 4**	0.028	−0.314 5***	0.000	0.002 5**	0.043
IND	控制					
YEAR	控制					
N	5 462		1 527		3 935	
F检验	18.75***	0.000	17.29***	0.000	19.54***	0.000
调整R²	0.173 2		0.184 2		0.182 9	

注:*,**,***分别代表在10%,5%,1%的水平上显著(双尾)。

过度投资的其他因素后,管理层股权激励的实施能有效发挥抑制过度投资的"利益趋同"效应,这为本章的研究假设 H2-1 提供了经验证据支撑。EI × POST × CCS 变量的回归系数均为负,并且具有统计意义的显著性。这表明,国有企业集团作为上市公司的直接控股股东能加强股权激励对过度投资的抑制作用,这在一定程度上支持本章的研究假设 H4-1。其次,从央企和地方国企两个子样本回归结果的比较来看,EI × Post 变量的回归系数在央企子样本组为—0.015 4,在地方国企子样本组为—0.003 9,该变量的回归系数在两个子样本的组间差异在 1% 的水平上具有统计意义的显著性。这表明,与地方国企相比,管理层股权激励在央企中的实施对过度投资的抑制效应更大,这在一定程度上支持本章的研究假设 H3-1。进一步,EI × Post × CCS 变量的回归系数在央企子样本组为—0.001 8,在地方国企子样本组为—0.006 1,该变量的回归系数在两个子样本的组间差异也在 1% 的水平上具有统计意义的显著性。这表明,企业集团作为直接控股股东所发挥的对管理层股权激励的实施抑制过度投资的加强效应在地方国企中更大。

3. 股权激励水平、方式对过度投资的影响

为进一步考察股权激励水平和股权激励方式对过度投资的影响,以 2009—2016 年度实际实施(已进入实际授予阶段)的央企 50 份、地方国企 37 份股权激励计划对应的上市公司为样本,共获得 2009—2016 年度 560[①] 条过度投资的公司一年度观测记录值。

表 4-5 是解释变量的描述性统计结果。高管的股权激励数量占公司总股本比例的均值仅为 1.87%,显著地低于《上市公司股权激励管理办法》(试行)和《国有控股上市公司(境内)实施股权激励试行办法》规定的,全部有效的股权激

---

① 为比较限制性股票和股票期权两种股份支付结算的股权激励方式对过度投资的影响作用异质,本书剔除了采用现金结算的股票增值权方式。在已完成股权激励授予的股权激励实施的 568 条公司一年度观测值中,仅有华菱钢铁一家地方国有控股上市公司采用股票增值权的激励方式,2009—2016 年共有 8 条年度观测值被剔除。

励计划所涉及的标的股票总数累计不得超过公司股本总额10%的上限标准。中央国有控股上市公司股权激励在1%的显著性水平上低于地方国有控股上市公司,国有企业集团为上市公司直接控股股东环境中的股权激励在10%的显著性水平上高于国资委为直接控股股东的上市公司。就股权激励方式而言,有46.74%的样本采用了股票期权激励方式,直接控股股东类型对股权激励方式的选择没有显著性的影响,中央国有控股公司与地方国有控股公司在股权激励方式选择的偏好上也不存在显著性的差异。

表4-5　股权激励水平和方式选择的描述性统计

变量	样　本	样本数	均值	中值	标准差	极小值	极大值
股权激励水平(%)	全样本	560	1.861 9	1.183 7	1.691 8	0.125 0	9.681 0
	央　企	342	1.630 1	1.136 7	1.113 0	0.288 0	4.500 0
	地方国企	218	2.126 0	1.400 0	2.156 7	0.125 0	9.681 0
	差异 T(Z)值	\	−4.076***	−2.639**	\	\	\
	国有公司为直接控股股东	432	2.052 5	1.167 5	1.576 4	0.125 0	9.681 0
	国资委为直接控股股东	128	1.739 3	1.068 8	2.610 3	0.288 0	4.500 0
	差异 T(Z)值	\	1.955 3*	1.796 9*	\	\	\
股权激励方式	全样本	560	0.467 4	0	0.502 3	0	1
	央　企	342	0.489 8	0	0.505 1	0	1
	地方国企	218	0.465 1	0	0.504 7	0	1
	差异 T(Z)值	\	1.360 8	0.907 4	\	\	\
	国有公司为直接控股股东	432	0.495 3	0	0.430 2	0	1
	国资委为直接控股股东	128	0.456 4	0	0.461 6	0	1
	差异 T(Z)值	\	1.184 5	1.004	\	\	\

注:*,**,***分别代表在10%,5%,1%的水平上显著(双尾)。

模型 3 的回归结果见表 4-6。Panel A 不考虑股权激励方式和直接控股股东类型与股权激励水平的交互作用;Panel B 在 Panel A 的基础上加入直接控股股东类型与股权激励水平的交互作用,以考察不同的直接控股股东类型对股权激励在影响公司投资决策方面的效应差异;Panel C 在 Panel A 的基础上加入股权激励方式与股权激励水平的交互作用,以考察不同的股权激励方式对股权激励在影响公司投资决策方面的效应差异;Panel D 在 Panel A 的基础上加入股权激励方式、股权激励水平以及直接控股股东的交互作用,以考察直接控股股东类型和股权激励方式对股权激励在影响公司投资决策方面的综合效应。从回归结果的 F 值检验来看,三个方程均是有意义的。

在不考虑股权激励方式和直接控股股东类型对股权激励在投资决策方面的影响时,股权激励水平对过度投资水平的影响体现为 Level 和 $Level^2$ 的回归系数。从 Panel A 的回归结果来看:首先,Level 与过度投资水平在 1% 的水平上显著负相关,而 $Level^2$ 与过度投资水平则在 1% 的水平上显著正相关。这为本章的研究假设 H2-2 提供了经验证据的支持,管理层股权激励存在区间效应,股权激励的实施可以有效地降低国有控股上市公司的过度投资水平,发挥提升公司价值的"利益趋同"效应,但是过高的激励水平反而会加剧公司的过度投资水平,发挥损害公司价值的"管理层防御"效应。其次,Level 变量在央企子样本和地方国企子样本中的回归系数分别为 -0.127 和 -0.101,这表明,在央企环境中实施的股权激励,对过度投资的抑制作用更大,这支持本章的研究假设 H3-1。进一步,对我们得到的回归方程求股权激励水平的偏导数,该偏导数等于零时对应的 Level 的取值即为回归方程的拐点(极大值)。央企子样本和地方国企子样本的回归方程的极大值点分别为 0.377 9 和 0.260 3,即当股权激励数量占授予日上市公司总股本的比例高于 37.79% 时,在央企环境中实施的股权激励将发挥加剧公司过度投资的负面效应;当股权激励数量占授予日上市公司总股本的比例高于 26.03% 时,在地方国企环境中实施的股权激励将发挥加剧公司过度投资的负面效应。这表明,与地方国企环境相比,在央企环境中实施股权激励,需要更高的股权激励水平才能出现股权激励对过度投资的抑制效应反转成为加剧效应,这为本章的研究假设 H3-2 提供了经验证据的支持,在央企环境中实施的股权激励,股权激励水平需更高方能诱发股权激励对过度投资的加剧效应。

在考虑不同直接控股股东类型下股权激励水平对公司过度投资水平的影响时,高管股权激励水平对过度投资水平的影响体现为 Level、$Level^2$、Level × CCS、以及 $Level^2$ × CCS 的回归系数。从 Panel B 中考虑直接控股股东类型的回归结果来看,Level 和 Level × CCS 与过度投资水平均在 1% 的水平上显著负相关,这说明在剔除直接控股股东对股权激励效应的影响后,股权激励发挥的抑制过度投资的效应,而且在国有公司为直接控股股东的环境中股权激励对过度投资的抑制效应更强,这与本章的研究假设 H4-1 相符。$Level^2$ 和 $Level^2$ × CCS 与过度投资水平在 5% 的水平上显著正相关和负相关,这说明,过高的股权激励水平会产生加剧公司过度投资水平的效应,但国有公司为直接控股股东可以抑制股权激励水平过高时产生的过度投资加剧。进一步,仍对回归方程求股权激励水平的偏导数,得到如下的函数表达式:

$$\frac{\partial OInv}{\partial Level} = -0.091 + 2 \times 0.208 \times Level - 0.129$$

$$\times CCS - 2 \times 0.075 \times CCS \times Level$$

根据描述性统计,2009 年至 2016 年实施股权激励的国有控股公司中国有公司为直接控股股东(CCS=1)的比例为 0.771 4,将该数值带入上述偏导数,找到了回归方程的极大值点为 0.440 2。即在国有公司为直接控股股东的环境中,若股权激励数量占授予日上市公司总股本的比例低于 44.02%,股权激励可以抑制过度投资行为,超过该比例,股权激励则会加剧过度投资。这表明,在国有公司为直接控股股东的环境中实施股权激励,激励水平对过度投资水平的影响仍是 U 形的区间效应,但与 Panel A 的回归方程计算的 U 间效应的拐点(32.85%)相比,在国有公司为直接控股股东的环境中实施股权激励的拐点对应的股权激励水平更高,股权激励加剧过度投资的"管理层防御"效应更不容易产生。这验证了本文的研究假设 H4-2。

在考虑不同股权激励方式下股权激励水平对公司过度投资水平的影响时,高管股权激励水平对过度投资水平的影响体现为 Level、$Level^2$、Level × Option 以及 $Level^2$ × Option 的回归系数。从 Panel B 中考虑股权激励方式的回归结果来看:首先,Option 变量的回归系数为 0.107,在 5% 的水平上具有显著性。其次,Level 和 Level × Option 与过度投资水平分别在 1% 和 5% 的水平上显著负相关,这说明,股票期权激励方式的选择,会削弱股权激励水平对过度投资的抑制效应。第三,$Level^2$ 和 $Level^2$ × Option 与过度投资水平分别在 10% 和 1% 的水平上显著正相关,这说明,股票期权激励方式下,过高的股权激励水平对公司过度投资水平的加剧效应更强。进一步,对回归方程求股权激励水平的偏导数,得到如下的函数表达式:

$$\frac{\partial OInv}{\partial Level} = -0.079 + 2 \times 0.174 \times Level + 0.094 \times Option$$

$$+ 2 \times 0.037 \times Option \times Level$$

根据描述性统计,2009—2016 年实施股权激励的国有控股公司采用股票期权激励方式(EMIc=1)的比例为 0.467 4,将该数值带入上述偏导数,找到回归方程的极大值点为 0.091 7,即在以股票期权作为股权激励方式时,若股权激励数量占授予日上市公司总股本的比例低于 9.17%,股权激励可以抑制过度投资行为,超过该比例,股权激励则会加剧过度投资。这表明,股票期权激励方式下股权激励水平对过度投资水平的影响仍是 U 形的区间效应,但与 Panel A 的回归方程计算的 U 间效应的拐点(32.85%)相比,股票期权激励方式下拐点对应的股权激励水平更低,股票期权激励方式更容易产生"管理层防御"对公司价值的损害效应,体现在投资决策上是更容易加剧公司的过度投资水平。这验证了本章的研究假设 H5。

表 4-6　直接控股股东类型、股权激励与过度投资水平的检验结果

Panel A　不考虑直接控股股东类型与股权激励方式

	全样本		央企样本		地方国企样本	
	系数	P 值	系数	P 值	系数	P 值
截　距	−1.603***	0.004	−1.547***	0.000	1.146**	0.007
Level	−0.113***	0.000	−0.127***	0.000	−0.101**	0.019
Level²	0.172**	0.032	0.168*	0.091	0.194**	0.0.24
Size	0.077	0.874	0.081	0.108	0.034	0.388
Growth	−0.128**	0.049	−0.152*	0.017	−0.085*	0.067
ROE	−0.412	0.134	−0.366	0.504	−0.313	−0.865
CeoChair	0.035*	0.073	0.029*	0.089	0.064**	0.015
Indir	−0.061*	0.085	−0.075*	0.061	−0.026	0.802
MF	0.277*	0.093	0.117*	0.088	0.317*	0.069
FCF	0.049**	0.033	0.043**	0.041	0.065***	0.001
Debt	−0.081*	0.057	−0.103**	0.039	0.045***	0.009
IND	控制					
Year	控制					
N	560		326		234	
F 检验	5.741***	0.000	3.714***	0.000	2.388***	0.000
调整 R²	0.121 4		0.131 3		0.125 6	

Panel B　考虑直接控股股东类型与股权激励方式的交互作用

	全　样　本			
	直接控股股东类型		股权激励方式	
	系数	P值	系数	P值
截距	1.161***	0.006	−1.037**	0.032
Level	−0.091***	0.008	−0.079***	0.000
Level^2	0.197**	0.035	0.174*	0.059
CCS	−0.084**	0.036	\	\
Level × CCS	−0.047***	0.001	\	\
Level^2 × CCS	−0.068**	0.036	\	\
Option	\	\	0.107**	0.018
Level × Option	\	\	0.094**	0.039
Level^2 × Option	\	\	0.037***	0.000
Size	0.039	0.117	0.021	0.129
Growth	−0.093*	0.079	−0.064*	0.081
ROE	0.143	0.184	0.078	0.192
CeoChair	0.079*	0.051	0.103**	0.033
Indir	−0.045*	0.092	−0.028	0.145
MF	0.373*	0.065	0.162	0.214
FCF	0.051**	0.016	0.048**	0.029
Debt	−0.074*	0.089	−0.069**	0.025
IND	控制			
Year	控制			
N	560		560	
F 检验	5.931***	0.000	6.019***	0.000
调整 R^2	0.119 5		0.128 8	

同时,从公司特征而言,无论是 Panel A 还是 Panel B 的回归结果均表明,公司的自由现金流量与过度投资水平显著正相关,与现存研究的结论一致,符合基于内部自由现金流的"过度投资"理论。从公司治理环境而言:独立董事比

例与过度投资水平没有显著影响,表明独立董事监督未发挥应有的治理效应。总经理与董事长两职合一与公司过度投资水平显著正相关,表明高管权力的增大会加剧过度投资。在职消费水平与过度投资显著正相关,表明高管进行在职消费自我隐性激励是过度投资的诱因之一。资产负债率与过度投资水平显著负相关,与现存的对我国国有控股上市公司债务软约束的研究结论相反。这表明,随着这几年金融改革的推进和上市公司治理建设的完善,银行等债权人监督对公司过度投资行为开始发挥积极的治理效应。

4. 稳健性测试

为克服指标计量可能产生的选择性偏误,提高研究结论的可靠性,本章改变了过度投资水平和高管股权激励水平的计量方法。在对过度投资水平的计量上,借鉴吕长江等(2011)和徐倩(2014)的做法,基于资产负债表重新构建公司新增投资支出(Newinv),Newinv 按照公司当年固定资产、在建工程、工程物资、无形资产、商誉等净额之和减去上年度固定资产、在建工程、工程物资、无形资产、商誉等净额之和计算。在此基础上重新计算模型 1 的残差,并剔除残差绝对值小于 0.000 1 的部分。在对高管股权激励水平的计量方法上,以股权激励薪酬价值占总薪酬的比重衡量(Bergstresser & Philippon, 2006;强国令,2012)。在此基础上再检验不同股权激励方式、不同直接控股股东类型下的股权激励水平对过度投资的影响,检验结果与前文的实证结论总体上没有实质性差异,可以认为本章的研究结论是比较稳健的。

4.5　本章小结

本章研究股权激励对国有控股上市公司过度投资问题的影响。通过研究,得出如下主要结论:

第一,在控制其他因素后,实施股权激励的哑变量与过度投资水平显著负相关,表明在国有控股上市公司中实施股权激励可以在一定程度上抑制公司的过度投资行为;而且国有公司为直接控股股东的上市公司中该效应的发挥更为显著;中央国有控股上市公司中该效应的发挥比地方国企更为显著。

第二,股权激励水平与过度投资水平并非简单的线性关系。股权激励水平变量的一次项对过度投资产生负向作用,股权激励可以通过抑制过度投资提升公司的价值;而股权激励水平变量的平方项对公司绩效产生正向作用,说明当股权激励达到一定规模后,提高股权激励水平反而会加剧过度投资,损害公司的价值。因此,股权激励存在一定的适度区间,在客观上存在一个"股权激励拐点"和最佳股权激励水平,在这一点上,股权激励对过度投资的抑制效应最大,企业的价值最大。本章研究样本和研究窗口的回归模型获得最优股权激励水平为32.85%,这一最优股权激励水平在央企样本中反映为37.79%,在地方国企样本中反映为26.03%,表明在中央国企中实施股权激励加剧过度投资的"管理层防御"效应的产生需要更高的股权激励水平。

第三,相对于国资委为直接控股股东,国有公司为直接控股股东更能保障股权激励对过度投资的抑制作用的发挥,也更能抵制股权激励水平过高产生的对过度投资的加剧效应。与整体而言股权激励数量占授予日上市公司总股本的比例不宜超过32.85%相比,在国有公司为直接控股股东的上市公司中实施股权激励,激励数量占授予日上市公司总股本的比例不宜超过44.02%,股权激励加剧过度投资的"管理层防御"效应更不容易产生。

第四,在国有控股上市公司采用限制性股票激励方式就目前而言,优于股票期权激励方式。整体而言,股权激励数量占授予日上市公司总股本的比例不宜超过32.85%,但在采用股票期权激励方式时,期权激励数量占授予日上市公司总股本的比例不宜超过9.17%。在相关股权激励法规限定了全部有效的股权激励计划所涉及的标的股票总数,累计不得超过公司股本总额10%的现行制度安排下,高于9.17%总股本的股票期权激励将发挥的是加剧过度投资的"管理层防御"效应,损害上市公司的价值。

第五,独立董事在抑制国有控股上市公司过度投资方面并未发挥积极的治理效应;债权人监督能在一定程度上缓解有效的抑制国有控股上市公司的过度投资;总经理与董事长两职合一会加剧公司的过度投资,在职消费的自我隐性激励是过度投资的诱因之一。

5. 控股股东动机、股权激励与
非国有控股公司投资效率

　　根据本书第 2 章对中国上市公司股权激励情况的汇总可知,在 2006 年至 2016 年共计披露的 1 372 份股权激励计划中,1 213 份股权激励计划是由非国有控股上市公司披露的;其中仅有 24 份来自无实际控制人的非国有控股上市公司。这表明,当前股权激励主要是在股权集中的控股股东密切参与公司经营管理的非国有上市公司中推行。股权集中的非国有上市公司的管理层受控于大股东的程度非常高,包括股权激励在内的上市公司的决策实质上体现的是控股股东意愿。因此,本章将针对非国有控股公司展开控股股东和管理层在股权激励下的行为博弈影响公司的投资决策的探讨。

5.1　理论分析与研究假设

5.1.1　终极控股股东动机对公司投资效率的影响

　　拉波塔等(La Porta et al., 1999)的终极产权理论指出,在股权集中的所有权结构下,终极控股股东可通过金字塔控股结构、交叉持股结构、双重股权结构以及优先表决权等方式实现以较少的现金流权投入成本获得不成比例的较大的控制权,使得终极控股股东的控制权远大于其现金流权,形成控制权与现金流权的分离。终极控股股东两权的分离是其侵占中小股东利益、对上市公司进行"掏空"的原动力,因为终极控股股东凭借其控制权"掏空"上市公司所获取的收益大于其需按照现金流权比例承担的上市公司价值损失,存在"掏空"获取控制权私利的净收益(La Porta et al., 2002)。此时,控股股东能够将原本作为现金流权共享收益的部分转移作为控制权私有利益,从而降低了控股股东接受的项目收益门极值,导致那些净现值为负的项目对于控股股东来讲总收益为正,公司出现过度投资问题(Shleifer & Vishny, 1997；Parrion et al., 1999；Cull et al., 2005)。我国学者对我国上市公司控股股东的行为研究也发现,我国上市公司股权集中度高,公司的投资决策权由控股股东掌握,在其他股东很难进行有效监督的情形下,控股股东往往会采取非效率投资以扩大控制权私利(刘星等,2008、2009),而且终极控股股东现金流权和控制权的分离度越大,上市公司过度投资的程度越严重(俞红海等,2010；杜建华,2014)。

当终极控股股东控制权与现金流权匹配,比例一致时,"掏空"行为使终极控股股东获取的控制权私利等于其成本,"掏空"无利可图,也就丧失了利益侵占的动力。此时,上市公司价值的提升成为终极控股股东最根本的财富增长点,为了实现公司价值的最大化,终极股东会通过注资、增持股票等方式向上市公司输送利益(Friedman et al., 2003),对上市公司持有的是"支持"动机(马忠等,2008),一方面凭借其控制权优化上市公司的资源分配和投资效率,另一方面积极参与公司治理,发挥控股股东的"监督效应",抑制高管的自利行为(Cheung et al., 2006)。

基于以上对终极控股股东"掏空"或"支持"动机内在形成机理的分析,终极控股股东现金流权与控制权两权分离度能直观并较准确地衡量终极控股股东动机,两权分离度越高,"掏空"的动机越大,上市公司的投资效率越低。

5.1.2 高管股权激励对公司投资效率的影响

按照传统代理理论,在分散的股权结构和信息不对称情况下,股东无法对高管进行有效监督,更多的股东存在"搭便车"行为,公司的经营决策权实际上由高管掌握,但其只能获得与公司剩余收益无关的固定薪酬,进而会出现高管基于"帝国构建"动机的过度投资行为(Richardson, 2006),也会出现高管因"偷懒"(Aggarwal et al., 2006)和风险规避(Myers et al., 1984)而产生的投资不足行为。国内学者对过度投资的研究较多,大多验证了我国上市公司存在过度投资行为(唐雪松等,2007;姜付秀等,2009),对投资不足的研究较少,张功富(2009)、吕长江等(2011)和徐倩(2014)的实证研究则证实了我国上市公司既存在过度投资,也存在投资不足行为。

高管股权激励收益取决于标的股票的价格,为了实现股权激励收益的最大化,高管有强烈的动力通过努力经营和正确的决策实现公司价值的增值,从而提升公司股价。因此,在投资决策方面,为了避免对公司未来业绩增长带来不利影响,在投资备选项目没有特殊价值的情况下,高管一般不会选择净现值小于0的投资项目,这就可以降低高管基于"帝国构建"、"在职消费"等自利目的的过度投资行为(Jensen & Meckling, 1976; Jensen & Murphy, 1990)。同时,为了避免公司因投资不足而丧失良好发展机会造成的未来盈利能力降低,在资金供给充裕的前提下,高管一般也不会放弃净现值大于0的投资项目;而且股权激励内含的风险激励可以改善高管由于人力资本专属投资无法分散风险而造成的高风险厌恶度,激励高管承担风险(Aggarwal et al., 2006);这些都可以降低高管基于"偷懒"和风险规避等自利目的的投资不足行为。吕长江等(2011)以2006年至2009年按照《上市公司股权激励管理办法》(试行)推行股权激励的上市公司为样本的实证研究发现,相对于非股权激励的上市公司,披露股权激励计划的上市公司既抑制了过度投资行为,也缓解了投资不足的问题;徐倩(2014)以2006年至2012年推行股权激励的上市公司为样本的实证检验也得出了相同的结论。但他们的研究只考查了股权激励与否对投资效率的影响,并未对股权激励强度对投资效率的影响进行研究。

从理论上而言,股权激励是高管薪酬组合的重要组成部分。股权激励强度越高,公司股价的提升对高管薪酬总额增加的贡献度越大,高管越有动力通过改善投资效率实现公司价值的增长以促使股价的提升。我国上市公司对高管的股权激励主要采用股票期权和限制性股票两种激励方式:限制性股票是指激励对象按照股权激励计划规定的条件,从上市公司获得的一定数量的本公司股票;股票期权是指上市公司授予激励对象在未来一定期限内以预先确定的价格和条件购买本公司一定数量股份的权利。限制性股票价值与标的股票价格呈线性关系,而股票期权价值与标的股票价格呈凸性关系。从激励高管努力工作方面而言,两种方式提供的激励效果是一致的。从风险激励方面而言,与股价呈凸性关系的股票期权更能激励风险厌恶型高管按照股东的风险承受能力选择投资项目,改善投资不足(Ross,2006;Panousi et al.,2012),但也可能诱发高管过度的风险承担,加剧过度投资。

5.1.3 控股股东与高管行为博弈对投资效率的影响

在控股股东对上市公司持有的是"支持"的环境中,控股股东本身不存在通过控制权影响上市公司进行过度投资或投资不足的动力,会形成控股股东与中小股东的利益趋同效应。此时,上市公司的代理冲突主要体现在股东与高管之间。股权激励机制设计的初衷本就是为了趋同股东与高管的利益,缓解两者的代理冲突,而且控股股东凭借其控制权能对高管的行为进行有效的监督,可以抑制股权激励诱发或加剧的高管自利行为。因此,在此环境中实施股权激励可以切实地发挥效应,改善因高管自利而产生的非效率性投资。

当控股股东现金流权和控制权两权分离时,控股股东对上市公司持有的是"掏空"的动机,其存在通过控制权影响上市公司进行过度投资或投资不足的原动力,但控股股东的"掏空"行为必须与高管合谋完成(Burkart,2003;潘泽清,2004)。在非国有控股公司,控股股东通过委派高管或直接作为高管参与上市公司经营决策,实际上控制了公司的董事会和公司的重大决策权,高管受控于控股股东的程度非常高,更容易出现控股股东与高管合谋现象。伯泽克(Bozec,2008)以加拿大数据分析发现以家族企业为代表的民营企业的控股股东存在把持高管团队以及财产转移等现象;孙健(2008)研究表明与国有企业相比,民营企业控股股东把持的高管层与控股股东之间存在利益合谋,双方共同侵占小股东利益;申明浩(2008)通过研究也找到了民营上市公司家族企业通过家族成员任职形成合谋完成资源的转移;都为此提供了经验证据的支持。此时,在控股股东与高管结成的联盟中,主导权被控股股东掌握,高管为控股股东利益侵占提供必要的帮助并获得一定的回报,这种回报最直接的方式就是提高高管的薪酬水平、降低对高管薪酬激励的监督(刘善敏等,2011)。股权激励作为高管薪酬组合的一个重要部分,也就有可能像货币薪酬那样成为控股股东收买高管与之合谋"掏空"上市公司的工具,体现在投资决策上则是对高管自利行为下产生的投资不足有抑制作用,对过度投资抑制无效,反而可能加剧过度投资水平倾向于更高水平的过度投资。

基于以上分析,提出如下假设:

H1:当终极控股股东对上市公司持有的是"支持"动机时,高管股权激励的实施可以抑制公司的过度投资和投资不足;

H1-1:控股股东的控制权越大,股权激励所发挥的对过度投资和投资不足的抑制效应越强;

H1-2:股权激励的强度越大,对公司的过度投资和投资不足的抑制效应越强;

H1-3:股票期权激励方式对公司投资不足的抑制效应更强;

H2:当终极控股股东对上市公司持有的是"掏空"动机时,高管股权激励能抑制公司的投资不足,但会加剧公司的过度投资;

H2-1:控股股东的控制权越大,股权激励所发挥的对投资不足(过度投资)的抑制(加剧)效应越强;

H2-2:股权激励的强度越大,对公司的投资不足(过度投资)的抑制(加剧)效应越强;

H2-3：股票期权激励方式对公司的投资不足（过度投资）的抑制（加剧）效应更强。

5.2 研究设计

5.2.1 样本选择及数据来源

本章的数据来自万德以及国泰安数据库，初选研究样本为 2009 年至 2016 年存在实际控制人的非国有控股上市公司按照《上市公司股权激励管理办法（试行）》的规定披露的 1 189 份股权激励计划。并按以下原则进行样本筛选：(1)股权激励对高管产生影响的前提必须是高管已经被授予了激励标的，即股权激励计划已由股东大会授权董事会正式实施；因此，剔除激励计划尚未实施和终止实施的公司；(2)为区分期权激励和股票激励对控股股东"掏空"的影响，剔除同时采用期权和限制性股票两种激励方式的公司；(3)由于股票增值权最终采用现金方式结算，并非实质的分享剩余收益的股权激励，剔除单独使用股票增值权进行激励的公司；(4)剔除国有控股公司、ST 公司、金融行业和数据不完整的公司。最终样本为 418 家股权激励公司，共取得 3 621 个公司一年度观测值。对变量进行 1％分位和 99％分位的缩尾处理，以降低异常值对研究结论的影响。

同时，为了横向比较未实施股权激励公司和实施股权激励公司投资效率的差异，控制外部环境因素和行业因素的影响，为每个观察样本公司逐一选取一个配对样本公司，并组成配对样本组。在选择配对样本时，遵循以下原则：第一，与观察样本公司应属于同一行业；第二，与观察样本公司资产规模应相近；第三，在实证区间内没有进行股权激励计划的披露；第四，与观察样本公司的终极控股股东性质和动机相同。

5.2.2 模型构建

1. 投资效率衡量模型

和第四章对投资效率的度量方法相同，本章也借鉴残差度量模型（Richardson,2006),并按照我国资本市场实际情况进行改良,把公司年度投资规模对投资机会、财务杠杆、自由现金流、公司规模、上年度投资水平等变量进行回归,得到的正残差(ε)即为企业的过度投资指标变量(OInv),负残差为公司的投资不足指标变量(UInv)。具体如模型(1):

$$newinv_{it} = \alpha_0 + \alpha_1 Cash_{it-1} + \alpha_2 Grow_{it-1} + \alpha_3 Lev_{it-1} + \alpha_4 Size_{it-1} + \alpha_5 Ret_{it-1}$$
$$+ \alpha_6 Age_{it-1} + \alpha_7 Inv_{it-1} + \alpha_8 Year + \alpha_9 Ind + \varepsilon \tag{1}$$

模型(1)中,Newinv 代表公司 i 第 t 年的新增投资支出,使用现金流量表数据将总投资扣除维持性投资计算。其中:总投资＝购建固定资产、无形资产及其他长期资产支付的现金＋取得子公司及其他营业单位支付的现金净额－处置固定资产、无形资产和其他长期资产收回的现金净额－处置子公司及其他营业单位收到的现金净额;维持性投资＝固定资产折旧＋无形资产摊销＋长期待摊费用摊销。Grow 为公司的投资机会,以托宾 Q 值表征;Lev 为资产负债率;Cash 为公司现金状况,等于公司经营现金净流量除以总资产;Size 为公司规模,以总资产的自然对数表示;Ret 为年度股票收益率;Age 表示公司上市年数。Year 和 Ind 为控制年份和行业的哑变量。

2. 股权激励效应检验模型

以模型(1)回归得到的过度投资和投资不足水平作为被解释变量,以股权激励、大股东控制权以及两者的交互作用为解释变量,并控制影响投资效率的其他因素,构建模型(2)如下:

$$OInv(或 UInv) = \alpha + \beta_1 EI + \beta_2 EI * First + \beta_3 First + \beta_4 Z + \beta_5 Size$$
$$+ \beta_6 LEV + \beta_7 FCF + \beta_8 ROA + \beta_9 Indir + \beta_{10} Growth$$
$$+ \beta_{11} MCom + \gamma IND + \eta YEAR + \varepsilon \tag{2}$$

其中,MEI 代表股权激励,以股权激励与否、股权激励薪酬价值占总薪酬的比重(Bergstresser & Philippon,2006)以及股权激励方式表征,具体的变量定义见表 5-1。

表 5-1　研究变量定义

类　别	变量名	含　义	计算方法
被解释变量	OInv	过度投资水平	模型(1)回归得到的正残差
	UInv	投资不足水平	模型(1)回归得到的负残差
解释变量	EI	股权激励	a. 哑变量:股权激励计划实施年度及以后取 1,否则取 0 b. 股权激励强度:股权激励薪酬价值占总薪酬的比重 c. 股权激励方式:期权激励取 1,否则取 0
	Frist	控股股东控制权	第一大股东控制权比例
控制变量	Z	股权制衡度	第二至第十大股东持股比例之和与第一大股东持股比例的比值
	Size	公司规模	总资产的自然对数
	Indir	独立董事比例	独立董事占董事会规模的比例
	ROA	盈利能力	总资产收益率
	MCom	高管货币薪酬	前三名高管薪酬的自然对数
	LEV	资本结构	公司年末负债总额与资产总额的比值
	FCF	自由现金流量	经营活动现金流量净额－维持性投资－预期新投资
	Growth	成长性	销售增长率

5.3　研究设计

5.3.1　投资效率的统计结果

表 5-2 列示了模型(1)的回归结果,方程的 F 值在 1‰的水平上显著,调整后的 R^2 值为 19.73%,表明方程的拟合度较好。将回归得出的系数带入模型(1)即可计算出公司 i 在第 t 年预期的新增投资。用实际的新增投资减去预期的新增投资可得到模型的残差,表示公司当期的非效率性投资。

表 5-2　投资效率衡量模型回归结果

	截距	$Cash_{t-1}$	$Grow_{t-1}$	Lev_{t-1}	$Size_{t-1}$	Ret_{t-1}	Age_{t-1}	Inv_{t-1}	F 值	$Adj-R^2$	样本数
系数	0.059 ***	0.067 ***	0.012 ***	−0.018 ***	0.004 ***	0.007 **	−0.016 ***	0.351 ***	20.754 ***	19.73%	7 242
P 值	0.000	0.000	0.002	0.008	0.000	0.011	0.000	0.000	0.000	\	\

注:*,**,*** 分别代表在 10%,5%,1%的水平上显著(双尾)。

表 5-3 是对样本公司非效率性投资的描述性统计结果。在 2009 年至 2016 年间,实施股权激励的观察样本中,70.2%存在过度投资,过度投资水平的均值为 0.070 5;29.8%存在投资不足,投资不足水平的均值为 0.041 5。未推行股权激励计划的配对样本中,则是 46.7%存在过度投资,过度投资水平的均值为 0.058 6;53.3%存在投资不足,投资不足水平的均值为 0.058 1。这表明,相对于未推行股权激励计划的公司,实施股权激励的上市公司整体而言更容易出现过度投资,并且过度投资的程度也更高。

表 5-3　非效率性投资描述性统计

	样　本	样本数	均值	中值	标准差	极小值	极大值
OInv	观察组	2 542	0.070 5	0.058 3	0.062 6	0.000 1	0.368 9
	配对组	1 692	0.058 6	0.039 1	0.058 8	0.000 1	0.289 5
UInv	观察组	1 079	−0.041 5	−0.032 3	0.032 7	−0.298 1	−0.000 1
	配对组	1 929	−0.058 1	−0.049 6	0.043 5	−0.225 2	−0.000 1

5.3.2　不同控股股东动机下高管股权激励实施前后公司投资效率差异分析

基于本书的理论分析,以终极控股股东现金流权与控制权的分离度来衡量控股股东对上市公司的动机。将观察样本和配对样本共计 7 242 个观测值按照终极控股股东两权是否分离这一指标分类为"掏空"动机组(控制权比例与现金流权比例的差额异于 0)和"支持"动机组(控制权比例与现金流权比例的差额等于 0)。为了比较股权激励计划的实施对投资效率的影响,对样本的过度投资以及投资不足水平的均值和中值进行差异比较分析(见表 5-4)。

表 5-4　股权激励实施与投资效率的差异

控股股东动机	样　本	过度投资			投资不足		
		实施前 $EI_a = 1$	实施后 $EI_a = 0$	实施前后差异 P 值	实施前 $EI_a = 1$	实施后 $EI_a = 0$	实施前后差异 P 值
掏空	观察组	0.065 2	0.105 3	0.000 0	−0.056 2	−0.045 5	0.036 3
	配对组	0.063 3	0.066 4	0.182 7	−0.061 7	−0.062 3	0.142 6
	组间差异 P 值	0.111 4	0.000 0		0.179 3	0.040 7	
支持	观察组	0.049 8	0.043 7	0.083 4	−0.042 4	−0.037 3	0.090 1
	配对组	0.051 2	0.050 8	0.283 9	−0.049 8	−0.051 4	0.143 7
	组间差异 P 值	0.225 1	0.060 5		0.172 2	0.058 4	

从观察样本的比较来看：股权激励计划在股东大会审议通过授权给董事会正式实施后，控股股东"掏空"的公司过度投资水平的均值在 1% 的水平上显著上升；而投资不足水平的均值则在 5% 的水平上显著下降；控股股东"支持"的公司过度投资和投资不足水平的均值均在 10% 的水平上显著下降。

从配对样本来看，与观察样本观测值同时期的配对样本观测值本身的投资效率（包括过度投资和投资不足）均值并不存在显著的差异。

从观察样本和配对样本同时期的投资效率的均值差异比较来看：在观察样本的股权激励计划实施前，无论是控股股东"掏空"还是"支持"，观察样本与配对样本组间的过度投资和投资不足水平的差异并不显著；在观察样本的股权激励计划实施后，控股股东"掏空"的观察样本公司的过度投资水平的均值在 1% 的显著性水平上高于同时期的配对样本，而投资不足水平的均值则在 5% 的显著性水平上低于同时期的配对样本；控股股东"支持"的观察样本公司的过度投资和投资不足水平的均值在 10% 的显著性水平上低于同时期的配对样本。

这直观上部分支持了本书的假设，即当终极控股股东对上市公司持有的是"支持"动机时，高管股权激励的实施可以抑制公司的过度投资和投资不足；而当终极控股股东对上市公司持有的是"掏空"动机时，高管股权激励能抑制公司的投资不足,但会加剧公司的过度投资。

5.3.3 回归分析

使用观察样本和配对样本组成的全样本,分别以过度投资水平(OInv)和投资不足水平(UInv)的绝对值为被解释变量,以股权激励计划实施与否(EI$_a$)为解释变量,对模型(1)进行回归检验假设,检验结果见表 5-5。股权激励实施

表 5-5　投资效率与股权激励实施与否的检验结果

	被解释变量:过度投资(OInv)				被解释变量:投资不足(UInv)绝对值			
	控股股东"掏空"		控股股东"支持"		控股股东"掏空"		控股股东"支持"	
	系数	P 值	系数	P 值	系数	P 值	系数	P 值
EI$_a$	0.027 3*	0.075	−0.016 8**	0.013	−0.014 2**	0.018	−0.020 2**	0.035
First	0.070 4***	0.000	−0.039 2*	0.052	−0.028 2*	0.053	−0.063 1**	0.021
EI$_a$ * First	0.024 5**	0.036	−0.047 1**	0.021	−0.041 2**	0.034	−0.035 8***	0.009
Z	−0.095 3	0.127	−0.058 2	0.233	−0.029 7	0.216	−0.038 7	0.233
Size	0.014 2	0.281	0.013 4	0.388	0.023 9	0.536	0.012 8	0.105
Indir	−0.064 6	0.105	−0.048 5*	0.071	−0.064 1	0.185	−0.095 3***	0.001
ROA	0.052 1**	0.039	0.061 3*	0.065	0.072 7**	0.039	0.088 2**	0.012
MCom	0.036 5**	0.042	−0.046 4	0.148	−0.034 9**	0.013	−0.021 6	0.313
LEV	0.066 2**	0.045	−0.041 6**	0.012	0.067 7***	0.007	−0.004 1*	0.074
FCF	0.073 5***	0.009	0.081 7***	0.004	−0.081 2***	0.004	−0.056 5*	0.062
Growth	0.008 1*	0.092	0.007 8*	0.089	0.009 2*	0.056	0.007 3***	0.000
截距	−0.104 2***	0.000	0.105 2**	0.046	0.204 9*	0.063	0.197 2**	0.038
IND	控制							
YEAR	控制							
N	2 348		1 415		1 842		1 637	
F 检验	3.779***	0.007	1.714*	0.072	2.388*	0.069	2.601**	0.018
调整 R^2	0.157 3		0.122 8		0.090 5		0.179 1	

注:*,**,*** 分别代表在10%,5%,1%的水平上显著(双尾)。

对公司投资效率的影响由两部分构成,一是股权激励实施与控股股东控制权交互作用对公司投资效率的影响(模型(1)的 $\beta_2 * First$ 部分);二是剔除控股股东对股权激励作用后股权激励实施对公司投资效率的影响(模型(1)的 β_1 部分)。

在控股股东因两权匹配对上市公司持有的是"支持"动机样本中,Frist、EI_a 以及 $EI_a * First$ 的系数在被解释变量是过度投资水平和投资不足水平(取绝对值)时都显著为负。这说明,在控制其他影响公司投资效率的因素后,"支持"动机的控股股东能发挥大股东积极的治理效应,提高公司的投资效率;股权激励的实施也能对过度投资和投资不足两类非效率性投资产生抑制效应;而且控股股东的控制权越高,股权激励实施所产生的对两类非效率性投资的抑制效应越好。从影响公司非效率性投资的其他因素来看,代表公司业绩的 ROA 变量和公司成长性变量(Growth)的系数显著为正,表明业绩越好、成长性越高的公司越倾向于非效率性投资;代表董事会治理的 Indir 变量和代表债权人治理的 LEV 变量的系数显著为负,表明在控股股东持"支持"动机的环境中,独立董事和负债的使用都能发挥积极的治理效应,优化公司的投资效率;公司的自由现金流量显著的正相关与过度投资水平,负相关与投资不足水平的绝对值,表明自由现金流量越多的公司越倾向于过度投资。

在控股股东因两权分离对上市公司持有的是"掏空"动机样本中,Frist、EI_a 以及 $EI_a * First$ 的系数在被解释变量是过度投资水平时均显著为正,在被解释变量投资不足水平(取绝对值)时均显著为负,表明在控制其他影响公司投资效率的因素后,控股股东的控制权越高,越倾向于通过过度投资"掏空"上市公司和侵占中小股东利益;高管股权激励的实施能抑制公司的投资不足,但会加剧公司的过度投资;而且控股股东的控制权越大,股权激励所发挥的对投资不足(过度投资)的抑制(加剧)效应越强。从影响公司非效率性投资的其他因素来看,代表公司业绩的 ROA 变量和公司成长性变量(Growth)的系数显著为正,表明业绩越好、成长性越高的公司越倾向于非效率性投资;Indir、Z 对过度投资和投资不足不存在显著的影响,表明在控股股东持"掏空"动机的环境中,独立董事实质上成为控股股东的附庸,不能对内部人自利目的所产生的非效率性投资进行有效的抑制,股权制衡也不能发挥有效的治理效应,其他大股东不能对抗第一大股东;LEV 的系数显著为正,表明控股股东会通过非效率性投资侵占债权人的利益;MCom 的系数在过度投资中显著为正,在投资不足中显著为负,表明货币薪酬成为控股股东收买高管的工具,使高管按照控股股东的意愿倾向于过度投资。

进一步,表 5-6 和表 5-7 分别报告了将股权激励的表征指标细化为股权激

表 5-6　投资效率与股权激励强度的检验结果

	被解释变量:过度投资(OInv)				被解释变量:投资不足(UInv)绝对值			
	控股股东"掏空"		控股股东"支持"		控股股东"掏空"		控股股东"支持"	
	系数	P 值	系数	P 值	系数	P 值	系数	P 值
EI$_b$	0.056 5*	0.089	−0.014 1**	0.016	−0.020 6**	0.033	−0.033 7**	0.031
First	0.071 8***	0.000	−0.059 8*	0.052	−0.034 6**	0.025	−0.028 6**	0.014
EI$_b$ * First	0.089 8***	0.000	−0.075 9***	0.007	−0.059 1***	0.000	−0.048 7***	0.000
Z	−0.068 3	0.204	−0.054 7	0.119	−0.048 6	0.122	−0.048 2	0.158
Size	0.008 3	0.111	0.006 9	0.158	0.011 6	0.263	0.009 6	0.136
Indir	−0.069 1	0.263	−0.043 2*	0.053	−0.035 9	0.424	−0.040 8**	0.019
ROA	0.027 2**	0.013	0.046 4**	0.047	0.029 6	0.043	0.041 1**	0.032
MCom	0.027 9*	0.068	−0.033 2	0.213	−0.044 0**	0.021	−0.018 8	0.576
LEV	0.053 4***	0.000	−0.014 1**	0.037	0.071 5***	0.000	−0.002 7*	0.058
FCF	0.063 1**	0.028	0.067 5***	0.000	−0.054 1**	0.037	−0.036 2***	0.003
Growth	0.000 4**	0.019	0.001 6**	0.025	0.002 7*	0.087	0.002 1**	0.094
截距	−0.090 1***	0.000	0.116 7**	0.012	0.139 6***	0.004	0.127 3**	0.040
IND	控制							
YEAR	控制							
N	763		515		627		404	
F 检验	8.414***	0.000	4.735***	0.000	5.968***	0.002	4.227***	0.008
调整 R^2	0.137 8		0.105 3		0.101 9		0.114 5	

注:*,**,***分别代表在 10%,5%,1%的水平上显著(双尾)。

表 5-7　投资效率与股权激励方式的检验结果

	被解释变量：过度投资（OInv）				被解释变量：投资不足（UInv）绝对值			
	控股股东"掏空"		控股股东"支持"		控股股东"掏空"		控股股东"支持"	
	系数	P 值	系数	P 值	系数	P 值	系数	P 值
EI_c	0.028 4***	0.000	−0.015 6***	0.001	−0.010 2***	0.005	−0.019 7***	0.001
First	0.067 7***	0.000	−0.027 2**	0.015	−0.021 9**	0.016	−0.043 2**	0.039
EI_c * First	0.031 2***	0.000	−0.047 1***	0.000	−0.050 4***	0.000	−0.051 6***	0.000
Z	−0.075 3	0.183	−0.046 3	0.113	−0.015 8	0.216	−0.051 2	0.422
Size	0.011 0	0.221	0.011 6	0.125	0.026 6	0.536	0.021 2	0.137
Indir	−0.056 1	0.238	−0.036 1**	0.043	−0.051 1	0.185	−0.045 4***	0.000
ROA	0.043 4***	0.006	0.053 9	0.235	0.068 6**	0.023	0.057 8	0.194
MCom	0.022 8*	0.051	−0.035 6*	0.069	−0.025 9*	0.076	−0.019 2**	0.041
LEV	0.063 4***	0.007	−0.039 2**	0.042	0.059 1	0.095	−0.030 6*	0.056
FCF	0.049 1***	0.000	0.072 9**	0.019	−0.061 8***	0.000	−0.039 9**	0.027
Growth	0.007 6**	0.047	0.008 4*	0.068	0.010 2	0.052	0.009 4	0.153
截距	−0.114 7***	0.000	0.112 6**	0.034	0.196 4**	0.049	0.113 1**	0.032
IND	控制							
YEAR	控制							
N	763		515		627		404	
F 检验	16.707***	0.000	3.958***	0.005	5.174***	0.002	3.627 9***	0.006
调整 R^2	0.145 3		0.130 6		0.112 1		0.123 9	

注：*，**，*** 分别代表在 10%，5%，1% 的水平上显著（双尾）。

励水平和股权激励方式，以观察样本公司在股权激励计划实施后（EIa＝1）的 2 309 个观测值为研究对象的检验结果。

从表 5-6 的检验结果看，在控股股东"支持"动机样本中，EI_b 以及 EI_b * First 的系数在被解释变量是过度投资水平和投资不足水平（取绝对值）时都显著为负，表明在股权激励计划正式实施后，高管股权激励的强度越大，对公司投资效率的改善效应也越强；而且"支持"动机控股股东的控制权越高，股权激励强度所产生的对两类非效率性投资的抑制效应越好。在控股股东"掏空"动机样本中,EI_b、$EI_b * First$ 以及 MCom 的系数在被解释变量是过度投资水平时均显著为正,在被解释变量是投资不足水平(取绝对值)时均显著为负,与 First 的系数的方向一致,表明当控股股东持有的是"掏空"动机时,货币薪酬与股权激励薪酬都成为控股股东收买高管的工具,使高管按照控股股东的意愿进行投资决策,对高管激励的强度越大,对公司过度投资(投资不足)的加剧(抑制)效应也越强;而且控股股东的控制权越高,股权激励强度对投资不足(过度投资)的抑制(加剧)效应越强。

从表 5-7 的检验结果看,在控股股东"支持"动机样本中,EI_c 以及 $EI_c * First$ 与投资不足和过度投资两类非效率性投资的水平均显著负相关,表明与限制性股票方式相比,股票期权激励方式能有效地改善公司的投资效率,而且控股股东的控制权越高,股票期权激励方式所发挥的效应越强。而在控股股东"掏空"动机样本中 EI_c 以及 $EI_c * First$ 的系数在被解释变量是过度投资水平时均显著为正,在被解释变量为投资不足水平(取绝对值)时均显著为负的结果则表明,股票期权激励方式所产生的风险激励更容易加剧过度投资,缓解投资不足;而且控股股东的控制权越高,股票期权激励对投资不足(过度投资)的抑制(加剧)效应越强。

5.3.4　稳健性测试

为克服控股股东动机和非效率投资划分可能产生的选择性偏误,提高研究结论的可靠性,从终极控股股东两权分离度(控制权比例与现金流权比例的差额)是否显著地异于 0,重新划分控股股东的"掏空"和"支持"动机;并借鉴吕长江等(2011)和徐倩(2014)的做法,基于资产负债表重新构建公司新增投资支出(Newinv),Newinv=公司当年固定资产、在建工程、工程物资、无形资产、商誉等净额之和一上年度固定资产、在建工程、工程物资、无形资产、商誉等净额之和。在此基础上重新计算模型(1)的残差,并剔除残差绝对值小于 0.000 1 的部分,再分别检验不同控股股东动机下的股权激励对投资不足、过度投资的影响,检验结果与前文的实证结论总体上没有实质性差异,可以认为本文的研究结论是比较稳健的。

5.4 本章小结

本章研究在存在终极控制人的股权集中的非国有控股上市公司中,不同的控股股东动机下股权激励对公司投资效率改善的治理效应。在理论分析的基础上,以 2009 年至 2016 年已实施股权激励的非国有控股上市公司为研究对象,运用差异分析以及回归分析方法,结果发现,当终极控股股东对上市公司持有的是"支持"动机时,高管股权激励的实施可以抑制公司的过度投资和投资不足行为,改善公司投资效率;控股股东的控制权越大,股权激励的强度越大,股权激励越能改善投资效率,相对于限制性股票,股票期权的凸性激励所提供的风险激励对投资不足的抑制更强。当终极控股股东对上市公司持有的是"掏空"动机时,高管股权激励虽能抑制公司的投资不足,但会加剧公司的过度投资;控股股东的控制权越大,股权激励的强度越大,股权激励对过度投资(投资不足)的加剧(抑制)效应越强;股票期权激励方式对过度投资(投资不足)的加剧(抑制)程度更高。

本章的研究表明,我国非国有控股上市公司既存在过度投资,也存在投资不足的问题。控股股东的动机会显著地影响高管股权激励对公司投资效率的改善。股权激励在控股股东"支持"动机的环境中实施能有效的改善公司的投资效率;而在控股股东"掏空"动机的环境中实施的股权激励实质上成为控股股东收买高管与之合谋进行利益侵占的工具,使高管按照控股股东的意志进行投资决策,缓解投资不足,但加剧过度投资。而且相对于限制性股票,股票期权激励方式是一把"双刃剑",一方面在控股股东"支持"动机的环境中能发挥更强的改善投资效率的作用,另一方面在控股股东"掏空"动机的环境中也会诱发过度的风险承担,更加加剧过度投资。

区别于国内之前关于控股股东治理领域多集中于控股股东"掏空"的研究，通过对控股股东控制权与现金流权两权分离这一"掏空"原动力的剖析发现，控股股东不仅存在"掏空"动机，也存在"支持"动机。控股股东的不同动机直接决定其发挥的是与中小股东利益趋同的积极的监督作用，还是与中小股东利益冲突的产生的利益侵占消极作用。在我国非国有控股上市公司控股股东高度参与公司经营决策的现实环境下，高管股权激励制度能否有效受到控股股东治理效应的影响，尚未有文献系统研究控股股东不同动机所产生的不同的治理效应对高管股权激励能否实现提升公司价值目的的影响。本章找到了高管股权激励对公司投资效率的改善受到控股股东动机影响的经验证据，这将为公司加强管理、优化公司治理机制以及监管层完善公司监管提供有益参考。

6. 股权激励对公司的科技创新投资的影响研究

　　科技创新和科技成果转化,是一项具有全局和战略性意义的系统工程,这已是理论和实务界认可的不争的事实。在改革开放初期,邓小平关于"科技是第一生产力"的明确判断,便表明科技创新对整个现代化进程的支撑作用。随着改革开放的深化,创新中国经济发展模式早已成为国内外有识之士的共识,即从传统生产要素驱动的经济发展模式转变到科技创新驱动的发展模式。张来武(2011)的研究已指出,由土地、资本等传统要素投入所导致的经济总量的增加只是经济增长,而不是经济发展;经济发展是"执行新的组合",即创新,创新是经济发展的本质规定。因此,科技创新驱动经济发展是经济发展的题中应有之意,转变经济发展方式,就是从传统生产要素驱动经济增长的方式转到由科技创新驱动经济发展的方式。全国政协委员、华夏新供给经济学研究院院长贾康(2013)进一步阐明了科技与传统的生产力三要素的关系,不是在生产力三要素中做"加法",增加"科技"这一要素,而是"乘法"的关系,劳动力、劳动工具、劳动对象这生产力的三要素如果能够伴随科技创新这个乘数,那么生产力的发展就有可能支撑我们由"追赶"到"赶超"的超常规现代化进程。党的十八届五中全会则在国家发展政策上明确,坚持创新发展,必须把创新摆在国家发展全局的核心位置,不断推进理论创新、制度创新、科技创新、文化创新等各方面创新。而在全面创新中,科技创新处于核心位置,对其他领域创新具有引领作用,是促进经济增长的第一驱动力(张慧君,2016)。

　　2015年11月10日召开的中央财经领导小组第十一次会议,首次提出了

"供给侧结构性改革",2016 年 1 月 27 日召开的中央财经领导小组第十二次会议,进一步研究了供给侧结构性改革方案。供给侧改革的核心目标在于从决定经济长期增长率的主要因素入手,通过结构性改革与创新,改善资源配置效率,进一步提升"全要素生产率"。从供给侧看,决定一国潜在经济增长率的因素主要包括劳动力、资本、自然资源、技术和制度。在经济发展过程中,伴随劳动力、资本、自然资源等要素投入的持续增加,它们对经济增长的贡献都会出现边际收益递减的趋势,这时只有通过创新,推动技术进步和制度变革,才能抵消要素边际收益递减的影响,提高全要素生产率,推动生产可能性边界向外不断推移,确保经济持续增长。因此,在供给侧改革中,破题之举自然是创新,为经济持续健康发展创造不竭动力,创新驱动具有战略引领作用。党的十八届五中全会提出,必须把创新放在国家发展全局的核心位置,不断推进理论创新、制度创新、科技创新、文化创新等各方面创新。在全面创新中,科技创新处于核心位置,对其他领域创新具有引领作用,是促进经济增长的第一驱动力。党的十八大就明确指出,"科技创新是提高社会生产力和综合国力的战略支撑,必须摆在国家发展全局的核心位置。"

企业是市场的主体,最了解市场对创新的需求,能够使科技创新与市场需求有效对接。科技创新成果只有通过企业的应用,才能实现商业化,产生经济效益。近年来,资本和创新逐步成为企业发展的重要驱动力,科技与人才已经成为企业竞争的核心要素。但研究也表明,中国企业科技创新投资效率较为薄弱。庞瑞芝等(2014)以系统观的视角实证考察 2009 年至 2012 年我国省际科技创新对经济发展的支撑效率以及创新资源的优化配置问题,结果发现,全国各省份科技创新对地区经济发展的支撑作用普遍偏低,科技与经济发展在一定程度上仍然存在"两张皮"问题,而且创新资源与创新成果未能实现优化配置成为多数省份的普遍现象。《党的十八届五中全会〈建议〉学习辅导百问》中也指出,2013 年,规模以上工业企业中有研发活动的企业所占比重仅为 14.8%,研发支出与主营业务收入之比仅为 0.8%，明显低于发达国家 2%—4% 的水平。《〈中国制造 2025〉解读之二：我国制造业发展进入新的阶段》中则指出，企业的科技创新效率低下，科研成果转化率只有 10% 左右，明显低于发达国家 40% 的水平。隐匿在诸多企业科技创新不足背后的则是创新激励机制的缺失。由于科技创新具有高投入、高风险、周期长、见效慢的特点，企业的科技创新投入受到遏制，缺乏有效的激励机制则是其经营者规避科技创新风险、减少技术创新行为的主要动因（汤业国、徐向艺，2012）。以创新发展促供给侧改革，关键要从创新主体入手（贾康，2015）。从企业内部来看，创新要靠人，激发人力资本和科研人员的创新动力，构建有效的激励机制，是深入推进和实施创新驱动发展战略、落实供给侧结构性改革的重要保障之一（张慧君，2016；李佑军，2016）。因此，如何调动企业经营者以及研发人员的工作积极性，发挥他们的创造力，已经成为企业人力资源工作必须面对的重要课题。

根据西方发达国家企业激励机制安排的实践经验，尤其是美国硅谷高科技企业激励机制为典型，股权激励具有缓解经营者风险厌恶和现代企业代理成本的正面效应，是一种适合于企业关键人力资本激励机制安排的有效的长期激励方式。据统计资料显示，在美国硅谷几乎百分之百的高科技公司都有股权激励计划。那么，我国上市公司股权激励的实施对公司科技创新投资的投入、产出、效率会产生怎样的影响？本章将就这一问题进行理论的分析和经验证据的获取。

6.1 文献回顾

彭罗斯（Penrose）的内部因素成长论认为，真正限制企业扩张的因素来自企业内部，公司内部治理因素，尤其是作为公司经营者的高级管理层的动机与行为是影响企业成长的重要因素。虽然作为企业成长重要决定因素之一的科技创新是企业长期、核心竞争力的源泉，但当企业的高管只能获得与公司剩余收益无关的固定薪酬时,其可能出于避免高风险项目对个人声誉带来损害、个人薪酬决定于企业短期会计收益、通过多元化投资分散风险、短视问题等原因而抑制企业的科技创新投资(舒谦、陈治亚,2014)。基于所有权和经营权相分离而产生的股东和管理层的利益冲突,詹森和麦克林(Jensen & Meckling,1976)在经典委托代理理论的框架下,提出股权激励的利益趋同论,指出股权激励作为缓解企业经营者与所有者代理冲突,实现了作为经营者的管理层分享企业剩余收益的激励机制设计,能有效提高管理层对科技创新的支持力度。而且,由于科技创新投资的高风险特征,无法分散人力资源专属投资风险的管理层会放弃一些净现值为正的投资,造成科技创新投资不足;而股权激励所提供的风险承担激励可以缓解管理层的风险厌恶(Smith & Stulz,1985),引导其选择包括科技创新在内的风险投资(Ross,2006;Aggarwal & Samwick,2006),进而反映出企业更多的研发投入和高管更高的创新积极性(Lerner & Wulf,2007;Eekens,2011;Shen & Zhang,2013)。使用我国上市公司的数据,Wu & Tu(2007)选取了医药、化工、电子和航天四个研发密集的产业进行实证分析,研究发现CEO股权激励薪酬与公司的研发支出显著正相关;唐清泉等(2009、2011)构建了股权激励—研发投入—公司可持续发展的理论分析框架,通过实证分析也取得了股权激励与公司研发投入显著正相关的经验证据。巩娜(2013)基于我国民营企业股权集中的所有权结构特征,以控股股东为调节变量的实证研究发现,民营企业实施的股权激励能够促进公司的研发投入,但控股股东的壕沟防御程度会抑制研发投入对股权激励的敏感性。胡振华等(2015)、孙菁等(2016)通过研究具体的管理层股权激励方式对研发投入的影响,发现相比较于管理层持股,公司选取股票期权激励对研发活动的促进效果更为显著。谭洪涛等(2016)从科技创新投入和产出两方面衡量公司的科技创新活动,实证研究的结果也表明,公司引入股权激励制度有助于促进公司的科技创新活动,得出了股权激励是科技创新和企业可持续发展源动力的结论。这些研究结论都同样支持股权激励的利益趋同论。

但法马和詹森(Fama & Jensen, 1983)的管理层壕沟效应论则指出,当管理层股权激励比例过高时,其承担研发失败的风险和成本加大,使其对科技创新投入的意愿降低。瑞安和威金斯(Ryan & Wiggins, 2002)以及戈什等(Ghosh et al., 2007)均通过实证分析发现,企业的研发投入随着管理层股权激励水平的提高呈现倒 U 型曲线,为股权激励在科技创新投资上的壕沟效应提供了经验证据。帕诺西等(Panousi et al., 2012)进一步指出,过高的股权激励水平会使得管理层面临更高的非系统风险,这将加重管理层的风险规避程度,不利于形成科技创新的支持环境。基于我国上市公司的数据,汤业国、徐向艺(2012)发现,非国有控股的中小上市公司的管理者股权激励与技术创新投入之间存在倒 U 型曲线关系。沈丽萍等(2016)在考虑管理层股权激励内生性影响后同样发现,股权激励与公司研发投入呈现倒"U"型关系,而且,我国大部分公司股权激励的比例还未达到最优水平。

在 20 世纪 90 年代末,美国安然、世通等财务丑闻出现后,部分学者则按照动机引导行为、行为产生结果的逻辑思路,开始追溯股权激励设计动机。管理层权力论应运而生,解释了股权激励契约设计的自谋福利动机。其认为当股东、董事会无法约束管理层权力时,管理层实质上成为其激励契约制定的控制者,旨在降低管理层代理成本的股权激励也因此沦为管理层寻租的工具。直接表现为管理层利用信息优势和手中的权力操纵股权激励契约的设计,获取超常的股权激励薪酬(Bebchuk & Fried, 2003)。吕长江等引发对我国上市公司股权激励的福利动机的研究。他们(2009、2011、2012)从公司治理角度研究了各上市公司推出的股权激励方案,发现部分上市公司的高管权力过大,影响了董事会对股权激励方案的制定,股权激励方案的设计存在考核条件偏低、有效期偏短等福利效应。在此基础上,陈效东等(2014)以股权激励的动机为视角,检验了不同动机下的管理层股权激励与公司 R&D 支出水平之间的关系,研究发现,激励型股权激励与 R&D 支出之间呈正相关关系,而福利型股权激励与 R&D 支出不存在显著的相关关系。

基于对当前研究现状的总结发现,对于股权激励与科技创新投资关系的研究主要基于管理层代理问题展开,并未得到统一的结论。少量从激励动机剖析股权激励对公司科技创新行为的研究也是基于管理层权力论,忽略了在存在大股东控制的治理环境中,公司的内部人控制问题并不是源于管理层,而更多源于控股股东这一事实。在当前股权激励主要是在控股股东密切参与公司经营管理的非国有上市公司推行的现实环境中剖析管理层股权激励对公司科技创新的影响,不应当忽略非国有上市公司的高管受控于大股东的程度非常高、高管权力并非独立、股权激励方案设计和实施均会受到控股股东的影响这一特殊国情。目前有关科技创新的实证研究多将研发投入作为科技创新投资的操作变量。但在实践中,科技创新投资的效率应该受到科技创新投入、产出以及创新成果转化的综合影响。技术创新投入是技术创新投资的必要条件,也是创新过程的开端,只有投入足够的物质资本与人力资本,才能为创新提供丰富的资源条件。技术创新产出是技术创新过程的直接成果,如专利等。但需要强调的是,技术创新产出也是创新过程的一部分,并不是最终成果。若想技术创新能够真正地创造价值,还必须进行有效的转化。技术创新产出经过转化,成为为公司创造价值的资产,才真正实现技术创新的目的,具备科技创新投资的效率。因此,有必要从控股股东动机来厘清股权激励的设计动机,进而从科技创新的投入、产出以及成果转化全面剖析不同动机下股权激励对公司的科技创新效率将产生怎样的影响。

6.2 理论分析与研究假设

6.2.1 终极控股股东两权匹配——管理层股权激励——科技创新投资效率

股权集中的内在机制不仅在于处于控制链顶端的终极控股股东有动力

和机会增加所有股东都可以获得的控制权共享收益,而且还可以通过消耗底层公司资源来获得中小股东无法分享的控制权私人收益。终极控股股东控制权和现金流权的两权分离是其谋取控制权私利的基础,因为终极控股股东凭借其控制权"掏空"上市公司所获取的收益大于其需按照现金流权比例承担的上市公司价值损失,存在"掏空"获取控制权私利的净收益(Shleifer & Vishny, 1997)。当终极控股股东控制权与现金流权匹配、比例一致时,"掏空"行为使终极控股股东获取的控制权私利等于其成本,"掏空"无利可图,也就丧失了利益侵占的动力,共享收益将成为终极控股股东最根本的财富增长点。因此,在终极控股东两权匹配的环境中,会形成控股股东与中小股东的利益趋同效应,公司的代理冲突主要体现在股东与高管之间。虽然,控股股东持有的大宗股权使其能分享到更多的公司价值增长带来的共享收益,而更有动力对损害公司价值的管理层自利行为进行监督,但是,控制链条延长带来的终极控股股东与底层公司管理层之间的信息不对称问题客观存在,会增大控股股东对管理层自利行为的监督难度。股权激励机制设计的初衷本就是为了趋同股东与高管的利益,缓解两者的代理冲突,可以作为监督的有效替代,抑制管理层损害股东利益和公司价值的自利行为(Jensen & Meckling, 1976)。因此,在此环境中,控股股东将是出于缓解信息不对称下控股股东监督不足的激励的动机推出管理层股权激励。

在公司内部,包括科技创新的风险性项目在内的投资决策须由公司管理层人员来执行。管理层看待风险性项目的态度及其所能承担的风险水平将影响公司的科技创新投资水平。按照传统代理理论,科技创新投资具有高投入、高风险、周期长、见效慢的特点,在无法享有成功的科技创新活动带来的剩余收益索取权的情况下,由于人力资源专属投资而无法进行风险分散的管理层会为了规避科技创新风险而减少对科技创新的投入,造成科技创新投资不足。基于激励动机设计的股权激励,实现了经营管理层分享科技创新投资带来的企业增量剩余收益的激励机制设计,能有效提高经营者对科技创新的支持力度(Jensen et al.,1990)。而且,股权激励所提供的风险承担激励可以改变经营者对风险的厌恶程度,引导其选择风险投资(Ross,2006;唐清泉等,2009、2011)。因此,在终极控股股东两权匹配的环境中实施股权激励,管理层为了实现自身股权激励薪酬价值的最大化,更有可能注重有利于企业长远发展的创新能力的提高,加大企业科技创新投入,提升企业科技创新的能力。而且,在终极控股股东因两权匹配而追求控制权共享收益最大化的环境中,控股股东持有的大宗股权所带来的决策权利与财富效应的搭配在一定程度上能够使其具有约束管理层自利机会主义行为的动力和能力。控股股东的现金流权(两权匹配环境中也即控制权)越大,一方面,其按照现金流权分享的共享收益越高,对损害控制权共享收益的管理层自利行为约束的动力越强;另一方面,其按照控制权对公司的控制能力也越强,对管理层自利行为约束的能力也就越强。因此,控股股东监督的动力和能力可以进一步强化股权激励对科技创新投资效率的促进作用。基于此,提出第一个研究假设:

H1-1:终极控股股东两权匹配环境中股权激励的实施能提高公司的科技创新投资效率;

H1-2:两权匹配的控股股东的控制权越大,股权激励对公司科技创新投资效率的提升效应越强。

6.2.2 终极控股股东两权分离——股权激励——科技创新投资效率

按照拉波塔等(La Porta et al.,1999)提出的终极产权理论,公司的终极控制性股东通常采用金字塔持股、交叉持股、发行双重投票权股票等股权结构安排或者指定管理等方式来强化对上市公司的控制,使得控股股东利用较少的现金流实现对底层公司的控制,实现终极控股股东现金流权与控制权的分离。虽然权力(控制权)和投入(现金流权)的不对等,可能导致终极控股股东有掏空底层公司实现控制权私利的天然动机;因为随着终极控股股东控制权与现金流权偏离程度的增加,终极控股股东利益侵占所获得的控制权私利在抵消所需承担的共享收益的损失后的净额越大,这将导致控股股东进行更多的利益侵占(La Porta et al.,2002;刘运国等,2009)。此时,控股股东关注的并不是底层上市公司价值增值所分享到的共享收益,而是通过控制性资源谋取控制权私有收益。由于管理层熟悉底层公司的运作,是公司决策的具体执行者,如果居于控制链条顶端的资本家型的终极控股股东企图通过控制性资源谋取私有收益、"掏空"上市公司,则必须得到居于控制链条末端的上市公司管理层的配合和帮助,由上市公司管理层团队完成(Burkart,2003;潘泽清,2004;申明浩,2008)。当然,基于理性经济人的假设,这种配合和帮助并不是无偿的。管理层为控股股东的"掏空"提供必要的帮助并获得一定的回报,这种回报最直接的方式就是提高管理层的薪酬水平、降低对管理层薪酬激励的监督(刘善敏等,2011)。股权激励作为管理层薪酬组合的一个重要部分,自然有可能像货币薪酬那样成为终极控股股东收买底层上市公司管理层与之合谋实现"掏空"的工具。陈仕华和李维安(2012)基于2005年第三季度至2009年末我国上市公司实施的股权激励数据,得到控股股东在通过转移上市公司资源进行"掏空"时,会以授予高管股权激励对作为上市公司资源的"守护者"进行收买的经验证据。

成功的科技创新投资虽然可以形成公司的核心竞争力和可持续发展力,进而提升公司的价值,但其带来的是所有资金供给者分享的共享收益;科技创新活动初始投资大、周期长的特征会大量减少底层公司自由现金流量,不利于控股股东通过自由现金流量的支配获取控制权私利。因此,两权分离的终极控股股东不会选择科技创新项目投资作为增加控制人收益的途径。而且,终极控股股东的两权分离度越高,控股股东通过"掏空"行为进行利益侵占的可能性就越大(刘运国等,2009),他们也就越不愿意选择仅能带来共享收益而无法实现控制权私利的科技创新项目投资。这获得大量经验证据的支持,如冉茂盛等

(2010)、徐向艺等(2013)、唐跃军等(2014)的研究均发现,终极控股股东两权分离程度对公司科技创新投入有着负面影响,两权分离程度越大,科技创新的投入和产出均越小。管理层风险厌恶导致的对科技创新投入的抑制效应和剥夺型控股股东控制权私利导致的对科技创新投入的抑制效应重叠,会使得公司的科技创新投入在基于合谋动机设计的股权激励环境中备受抑制。科技创新的投入是创新能力提升的必要条件,科技创新投入受到抑制,最终自然导致企业的科技创新投资效率下降。基于此,提出第二个研究假设:

H2-1:终极控股股东两权分离环境中股权激励的实施会抑制公司的科技创新投资效率;

H2-2:终极控股股东两权分离程度越高,股权激励对公司科技创新投资效率的抑制效应越强。

虽然两权分离的终极控股股东为追求控制权私利均会对底层公司的科技创新投资效率产生抑制作用,但是,这种抑制作用在国有终极控股股东、非国有的"企业家型"和"资本家型"终极控股股东中还是有所差异。首先,长期以来,国家都倡导"科技是第一生产力",因此,国家作为终极控股股东时不会倾向于对底层上市公司的科技创新活动进行抑制。其次,对于非国有控股公司而言,资本家类型的控股股东强调股份的流动性,倾向于通过资本运作获得资本在短期内的增值机会,缺乏实现长期价值最大化的动力。在其两权分离的情况下,资本追逐短期利益的天性使他们谋求控制权私利的动机更强(申明浩,2008;傅瑜等,2013;黄昌富等,2016);科技创新活动投入高、周期长、风险高的特征与资本的流动和逐利本性背道而驰,使其无法形成两权分离的资本家型终极控股股东需要的控制性资源,带给控股股东控制权私利。而按照熊彼特的企业家理论,企业家的本质是创新,会专注于自己创立的业务,倾向于从企业的持续发展角度制定战略决策和经营计划。这使得企业家型终极控股股东对可持续发展核心竞争力的科技创新活动不会像追逐短期利益的资本家那样规避。而且,终极控股股东的两权分离,一方面有利于终极控股股东规避科技创新活动成功率低带来的一损俱损的风险,另一方面又可以有效利用公司外部资本为初始投资金额大的科技创新投资提供资金来源,节省控股股东的现金流。从这一视角而言,企业家型终极控股股东不会倾向通过过度抑制符合"企业家精神"的科技创新活动来进行利益侵占。作为"合谋"工具的股权激励,形成了管理层与控股股东的利益共同体,控股股东的动机可以通过管理层之手得以实现。基于此,提出第三个研究假设:

H3-1:"资本家型"非国有终极控股股东两权分离环境中股权激励的实施,对公司科技创新投资效率的抑制效应更强;

H3-2:国有终极控股股东与"企业家型"非国有终极控股股东两权分离环境中股权激励的实施,对公司科技创新投资效率的影响效应不存在显著差异。

6.3 研究设计

6.3.1 样本选择及数据来源

为剔除我国资本市场和股权激励政策环境在 2009 年前后存在巨大差异造成的噪音,同时为剔除 2016 年《上市公司股权激励管理办法》造成的噪音,①选取 2009 年至 2015 年披露的股权激励计划为研究对象,初选研究样本为 2009 年至 2015 年按照《上市公司股权激励管理办法》(试行)的规定披露的 1 236 份股权激励计划。剔除 ST 公司、金融行业和数据不完整的观测值,最终样本为 7 138个公司的年度观测值。对变量进行 1‰分位和 99‰分位的缩尾处理,以降低异常值对研究结论的影响。

同时,为了横向比较未实施股权激励公司和实施股权激励公司投资效率的

---

① 证监会于 2016 年 7 月 13 日发布《上市公司股权激励管理办法》,自 2016 年 8 月 13 日起施行。原《上市公司股权激励管理办法》(试行)(证监公司字〔2005〕151 号)及相关配套制度同时废止。

差异,控制外部环境因素和行业因素的影响,为每个观察样本公司逐一选取一个配对样本公司,并组成配对样本组。在选择配对样本时,遵循以下原则:第一,与观察样本公司应属于同一行业;第二,与观察样本公司资产规模应相近;第三,在实证区间内没有进行股权激励计划的披露;第四,与观察样本公司的终极控股股东性质和动机相同。

6.3.2 模型构建

根据理论分析的结论,首先将股权激励样本公司和未实施股权激励的配对样本公司按照终极控股股东现金流权和控制权分离情况区分两权匹配子样本组和两权分离子样本组。在此基础上,以研发支出表征公司的科技创新投入,作为被解释变量;以股权激励为解释变量;并借鉴前人的研究,控制影响研发支出的其他因素,构建实证模型,检验研发支出对股权激励的敏感度在两类控股股东动机的组间差异。

1. 科技创新投资效率的度量

从技术创新投入、技术创新产出与技术创新转化三个关键点出发,选择影响科技创新投资效率的原始变量。研发的投入,不仅包括资金的投入,还包括人员的投入,因此,选择研发支出和企业技术人员投入表征科技创新的投入(见表6-1)。在科技创新的产出方面,从企业专利与发明的申请数量以及专利与发明的授予数量两类表征指标。由于专利授权时间受申请程序和专利审查效率的影响较大,从申请专利到授权往往需要较长的时间,尤其是发明专利自申请至授权约需 2—5 年的时间;相对于专利申请量而言,专利授予数量更容易受到专利机构等众多人为因素的影响,使其不确定性大大增强而容易出现异常变动,因此,专利申请量比专利授予量更能反映创新产出的真实水平(Croby, 2000)。对于科技创新的成果转化,顾群、翟淑萍(2012)指出无形资产是企业创新活动所形成的非物质形态的价值创造来源,因此,用技术资产,即无形资产比率作为创新的产出指标。

表 6-1　科技创新投资效率的原始变量

名　称	符　号	定　义
研发资金投入	R&D	年度研发支出(资本化研发支出＋费用化研发支出)/营业收入
研发人员投入	Emloyee	技术人员数/公司总人数
专利申请数	Output 1	所有类型专利(发明、实用新型、外观设计)年度申请数
发明申请数	Output 2	发明专利年度申请数
无形资产比率	Intangible	公司年末披露的无形资产/总资产

运用因子分析将原始的科技创新变量进行浓缩,即将原有变量中的信息重叠部分提取和综合成最终因子,进而探究科技创新动态能力的主要构成维度。运用主成分分析、方差最大化旋转等方法,最后得到因子分析结果。

2. 股权激励对企业科技创新投资效率影响的检验

为检验研究假设 H1-1 和 H2-1,以样本和配对样本作为研究对象,采用双重差分模型(模型(1)),检验股权激励公司(EI 取 1)的股权激励方案的实施(Post 取 1)对研发支出(R&D)的影响。进一步,为检验研究假设 H1-2 和 H2-2,对于两权匹配组,添加控股股东控制权变量,对于两权分离组,添加表征控股股东掏空原动力的终极控股股东两权分离度变量。为考察控股股东控制如何影响研发支出对股权激励的敏感度,引入股权激励与控股股东控制权(或控股股东两权分离度)的交互变量(模型(2))。为了检验研究假设 H3,本文沿用申明浩(2008)、黄昌富等(2016)的界定标准,将非国有控股上市公司的终极控股股东按照控制人现金流与控制权的两权分离组进一步细分为"资本家型"控股股东和"企业家型"控股股东,①按照模型(1)和模型(2)进行分组回归。

---

① "企业家型"控股股东需同时满足:(1)终极控制人为上市公司核心业务的创业者;若公司创立之时为非私有性质,则实际控制人或其家族主要成员至少应于公司上市日即担任公司高管职务;若通过借壳上市实现控制,则实际控制人或控制家族应为注入公司核心业务的创业者。(2)实际控制人或控制家族的主要成员目前担任公司高管职务。(3)同时控制多家上市公司时,各公司当属同行业或存在明显的产业链关系。(4)公司主业明确,且主业未经常变更,综合类公司、以投资为主业的公司被视为主业不明确。未同时符合上述 4 项标准的,则被界定为"资本家型"控股股东。

$$IA = \alpha + \beta_1 EI + \beta_2 Post + \beta_3 EI \times Post + \sum \varphi_i \times controls + \varepsilon \quad 模型(1)$$

$$IA = \alpha + \beta_1 EI + \beta_2 Post + \beta_3 CTRL(SEP) + \beta_4 EI \times Post + \beta_5 EI$$

$$\times Post \times CTRL(SEP) + \sum \varphi_i \times controls + \varepsilon \qquad 模型(2)$$

大量的文献已表明,公司规模、财务杠杆、公司成长性、公司的业绩和现金流以及高新技术行业都是影响公司科技创新投入的重要因素,股权制衡度、独立董事制度则会对管理层和控股股东自利动机诱发的对公司科技创新投入的抑制行为产生一定的影响,本章对这些因素也进行控制。具体的变量定义见表 6-2。

表 6-2 研究变量定义

类 型	名 称	符号	定 义
被解释变量	科技创新投资效率	IA	表 4-1 的科技创新投资效率原始变量因子分析提炼的加权总分
解释变量	股权激励公司	EI	披露股权激励计划的样本取 1,否则取 0
	股权激励实施	Post	股权激励计划实施年度及以后取 1,否则取 0
	控股股东权力	CTRL	控制链上最小的投票权之和
	两权分离度	Sep	终极控制人控制权与现金流权的差额
控制变量	成长机会	Grow	销售增长率
	经营现金流量	Cash	经营活动现金流量净额/期初资产总额
	公司规模	Size	总资产的自然对数
	盈利能力	ROE	净利润/股东权益
	财务杠杆	Lev	总负债/总资产
	股权制衡度	Z	公司第一大股东与第二大股东持股比例的比值
	独立董事	Indep	独立董事人数/董事会总人数
	行 业	Ind	如果公司处于高科技行业取 1,否则取 0
	年 度	Year	虚拟变量,公司属于第 t 年度时,取 1,否则取 0

6.4 经验证据

6.4.1 科技创新投资效率的因子分析

表 6-3 列示了披露股权激励计划的样本与未推行股权激励计划的配对样本

组成的总样本在 2009 年至 2015 年度的科技创新投入、产出以及成果转化的原始变量的描述性统计结果。研发支出占销售收入比例的均值为 4.46％，3/4 分位对应数为 5.16％，这表明，与研发支出至少应达到销售收入的 2％才能维系公司生存、达到 5％才能具备竞争力的国际标准相比，2009 年以后，我国上市公司研发投资的力度能够满足维系生存的需要，超过 25％的公司的研发投入能够满足竞争力的需要。科技人员占公司人数比例的均值为 14.94％，最大值为 100％，最小值为 0％，这表明我国上市公司科技创新的人力投入差异分化巨大。从科技创新的产出来看，专利申请数的均值为 21.39 项，最大值为 3 203 项，最小值为 0 项，1/4 分位对应数仅为 1 项，3/4 分位对应数也仅为 15 项，标准差为 88.98。最具创新性的发明的申请数均值为 18 项，整体而言比专利的申请数略低，最大值为 5 787 项，最小值为 0 项，1/4 分位对应数仅为 1 项，3/4 分位对应数也仅为 9 项，标准差高达 141.46。这表明，无论是专利的申请数，还是发明的申请数，在样本公司之间都具有显著的不平衡性特征。从科技创新的成果转化来看，无形资产比例的均值仅为 3.606％，3/4 分位对应数也仅为 4.576％，这在一定程度上表明，虽然样本公司有一定的专利和发明的申请数量，但是这些申请的专利和发明真正成为企业的知识产权，计入无形资产价值，还未在短期内实现，科技创新的成果转化是企业科技创新活动的弱项。

表 6-3　科技创新原始变量的描述性统计结果

变　量	均　值	中　值	标准差	最小值	25％分位	75％分位	最大值
R&D(％)	4.461	3.450	5.337	0	1.860	5.160	137.45
Emloyee(％)	14.939	11.86	13.244	0	6.615	18.148	100
Output1	21.389	5	88.981	0	1	15	3 203
Output2	18.043	4	141.461	0	1	9	5 787
Intangible(％)	3.606	2.153	5.752	0	0.501	4.576	89.503

表 6-4 是对科技创新原始变量进行分子分析的结果。Panel A 的因子解释

的总方差表显示:巴特利特检验统计量的观测值为 817.643,在 1% 的水平上具有显著性;KMO 为 0.882,这表明,表征科技创新投资效率的 5 个原始变量的相关系数矩阵与单位阵有显著差异,适合因子分析。而且,最终因子对变量的累积解释达到 83.863%,相应得到三个最终因子(F1, F2 与 F3)。Panel B 是采用主成分分析法进行因子提取的因子得分系数矩阵,最终 F1 主要由科技创新资金投入(R&D)和科技创新人员投入(employee)构成(权重均超过 50%),两者相结合形成科技创新投入能力的综合指标。F2 主要由专利申请数(output1)和发明申请数(output2)构成(权重也均超过 50%);专利申请总数反映的是科技

表 6-4　因子分子结果

Panel A 因子解释的总方差

因子编号	初始特征值			提取平方和载入			旋转平方和载入		
	特征根值	方差贡献率%	累计贡献率%	特征根值	方差贡献率%	累计贡献率%	特征根值	方差贡献率%	累计贡献率%
1	2.145	33.641	33.641	2.145	57.156	57.156	2.466	58.102	58.102
2	1.942	23.568	57.209	1.942	16.638	73.794	1.811	15.886	73.988
3	1.226	17.146	74.355	1.226	10.069	83.863	1.074	9.875	83.863
4	0.685	15.659	90.014	\	\	\	\	\	\
5	0.402	9.986	84.893	\	\	\	\	\	\

注:取样足够度的 Kaiser-Meryer-Olkin 度量:0.882;近似卡方:817.643, Sig:0.000。

Panel B 因子得分系数矩阵

原始因子	最　终　因　子		
	F1	F2	F3
R&D	0.696	0.078	0.114
Emloyee	0.589	−0.011	−0.018
Output1	−0.053	0.593	0.012
Output2	−0.034	0.582	0.041
Intangible	0.007	0.032	0.862

创新产出的数量;而与实用新型和外观设计相比,发明是最具创新性的专利,因而专利申请总量反映的是科技创新产出的质量,两者相结合形成技术创新产出能力的综合指标。F3主要由无形资产比率(Intangible)构成。戴维等(David et al., 2001)指出,研发投资代表着创新对企业的战略重要性,是企业在开发无形资产等方面的重要投入。由研发投资而产生的知识产权最终都会计入无形资产,所以,无形资产应作为研发投资的最终产出结果。因此,F3反映的是企业科技创新成果转化能力的指标。

根据表6-4 Panel B罗列的线性关系,得出科技创新投入能力(F1)、科技创新产出能力(F2)和科技创新成果转化能力(F3)的计算公式:

$$F1 = 0.696R\&D + 0.589Emloyee - 0.053output1 - 0.034output2 \\ + 0.007Intangible$$

$$F2 = 0.078R\&D - 0.011Emloyee + 0.593output1 + 0.582output2 \\ + 0.032Intangible$$

$$F1 = 0.114R\&D - 0.018Emloyee + 0.012output1 - 0.041output2 \\ + 0.862Intangible$$

最后,采用计算因子加权总分的方法,对科技创新投资效率进行综合评价。以表6-4 Panel A三个因子的方差贡献率作为权数,得到科技创新投资效率总得分的计算公式:

$$IA = 0.581\,02F1 + 0.158\,86F2 + 0.985\,7F3$$

6.4.2 股权激励与科技创新投资效率的经验证据

1.科技创新投资效率在股权激励公司与非股权激励公司的差异检验

表6-5列示了终极控股股东两权匹配和两权分离的环境中实施股权激励公司与未实施股权激励公司的研发投入的差异检验。从实施股权激励的观察样本

本身的比较来看:股权激励计划在股东大会审议通过授权给董事会正式实施后,终极控股股东两权匹配的公司的科技创新综合能力的均值在1%的水平上显著上升;而终极控股股东两权分离的公司科技创新综合能力水平的均值均在10%的水平上显著下降。从未实施股权激励的配对样本同时期的数据来看,与观察样本观测值同时期的配对样本观测值本身的科技创新综合能力均值,并不存在显著的差异。

表 6-5　股权激励实施与科技创新投资效率的差异

终极控股股东两权分离与否	样　　本	科技创新效率均值		
		Post = 1	Post = 0	实施前后差异 P 值
两权分离	股权激励组	0.219	0.264	**0.084**
	配对组	0.271	0.258	**0.182 7**
	组间差异 P 值	**0.065**	**0.111**	
两权匹配	股权激励组	0.638	0.351	0.000
	配对组	0.345	0.339	0.392
	组间差异 P 值	**0.000**	**0.225**	

从观察样本和配对样本组间的差异比较来看:在观察样本的股权激励计划实施前,无论是控股股东两权匹配还是两权分离,观察样本与配对样本组间的科技创新效率的差异并不显著;在观察样本的股权激励计划实施后,控股股东两权匹配的观察样本公司的科技创新效率的均值在1%的显著性水平上高于同时期的配对样本,而控股股东两权分离的观察样本公司的科技创新效率的均值在10%的显著性水平上低于同时期的配对样本。

这直观上部分支持了本章的假设 H1-1 和 H2-1,即当终极控股股东因两权匹配而对上市公司持有的是"监督"动机时,管理层股权激励的实施可以促进公司对科技创新投资效率的提升,而当终极控股股东因两权分离而更倾向于对上市公司持有的是"剥夺"动机时,管理层股权激励的实施反而会抑制公司的科技创新投资效率。

2. 回归分析

首先,由披露股权激励计划的样本与未推行股权激励的配对样本组成的总样本中,本文以采用因子分析计算出的科技创新效率为被解释变量,以公司是否披露股权激励计划和股权激励是否实施为解释变量,采用双重差分模型检验公司在管理层股权激励实施后的科技创新效率是否存在变化。回归结果见表 6-6。控

表 6-6　科技创新投资效率与股权激励的检验结果

	模型 1				模型 2			
	控股股东两权分离		控股股东两权匹配		控股股东两权分离		控股股东两权匹配	
	系数	P 值	系数	P 值	系数	P 值	系数	P 值
EI	0.010 5	0.941	0.007 3	0.146	0.006 1	0.010	0.008 2	0.144
Post	−0.011 4 **	0.036	0.008 9 **	0.035	−0.080 6 ***	0.003	0.082 1 ***	0.000
EI × Post	−0.008 5 ***	0.007	0.065 4 ***	0.000	−0.003 9 ***	0.008	0.025 3 ***	0.001
CTRL	\	\	\	\	\	\	0.149 7 **	0.013
Sep	\	\	\	\	−0.108 4 ***	0.001	\	\
EI × Post × CTRL	\	\	\	\	\	\	0.007 1 ***	0.009
EI × Post × Sep	\	\	\	\	−0.005 5 **	0.047	\	\
Grow	0.003 1	0.492	0.002 0 *	0.067	0.001 6	0.954	0.002 7 *	0.055
Cash	0.010 6 ***	0.000	0.014 2 ***	0.000	0.019 5	0.238	0.029 3 **	0.035
Size	0.013 4 ***	0.000	0.001 5 *	0.063	0.005 4 ***	0.002	0.081 1 *	0.063
ROE	0.104 2 **	0.011	0.025 2 **	0.036	0.209 8 *	0.053	0.001 8	0.235
Lev	0.005 9 **	0.026	−0.010 1	0.779	0.003 5 *	0.082	−0.005 8 **	0.036
Z	0.009 6	0.165	0.010 7	0.122	0.011 4	0.378	0.008 6	0.154
Indep	−0.017 3	0.288	0.004 5	0.279	−0.029 4 *	0.059	0.012 7 *	0.086
Ind	0.008 2 *	0.088	0.030 1 ***	0.006	0.007 8	0.138	0.006 1 ***	0.001
截距	−0.156 4 **	0.028	−0.314 5 ***	0.000	0.002 5 **	0.043	−0.409 4 ***	0.000
YEAR	控制							
N	8 068		6 208		8 068		6 208	
F 检验	21.143 ***	0.000	18.816 ***	0.000	33.779 ***	0.000	26.714 ***	0.008
调整 R²	0.185 9		0.173 1		0.231 6		0.210 6	

注:*, **, *** 分别代表在 10%,5%,1% 的水平上显著(双尾)。

股股东两权分离组中,模型(1)的主要变量 EI×Post 的系数(−0.008 5)在 1% 的水平上显著为负,支持本章的研究假设 H2-1,终极控股股东两权分离的环境中,股权激励的实施会抑制公司的科技创新投资效率;模型(2)的 Sep 的系数(−0.184)在 1% 的水平上显著为负,表明终极控股股东两权分离度越高,其掏空动机越强,对公司科技创新投资效率的抑制越大,EI×Post 的系数(−0.003 9)和 EI×Post×Sep 的系数(−0.005 5)均在 1% 的水平上显著为负,支持本章的研究假设 H2-2,控股股东的掏空原动力会加剧股权激励对公司科技创新投资效率的抑制效应。控股股东两权匹配组中,模型(1)的主要变量 EI×Post 的系数(0.065 4)在 1% 的水平上显著为负,支持本章的研究假设 H1-1,终极控股股东两权匹配环境中股权激励的实施可以促进公司对科技创新投资效率的提升;模型(2)的 CTRL 的系数(0.149 7)在 5% 的水平上显著为正,表明两权匹配的终极控股股东的控制权越强,对公司科技创新投资效率的提升效应越大,EI× Post 的系数(0.025 3)和 EI×Post×CTRL 的系数(0.007 1)均在 1% 的水平上显著为正,支持本文的研究假设 H1-2,两权匹配的控股股东的控制权会放大股权激励对公司科技创新投资效率的提升效应。

其次,在终极控股股东两权分离的子样本中,根据国有终极控股股东、非国有终极控股股东的"企业家"和"资本家"属性进行了再次分组检验。从表 6-7 显示的回归结果来看,Panel A 中,模型(1)的主要变量 EI×Post 的系数在企业家型非国有控股股东组和国有控股股东组中均为负但不显著。模型(2)的 Sep 的系数在企业家型非国有控股股东组和国有控股股东组分别为−0.005 6(在 10% 的水平显著)和−0.006 8(在 5% 的水平上显著);EI×Post×Sep 的系数在企业家型非国有控股股东组和国有控股股东组分别为−0.002 1(在 10% 的水平显著)和−0.001 4(在 10% 的水平上显著);交互变量的系数在两组样本之间的差异不存在统计意义上的显著性。这表明,与企业家型非国有终极控股股东相比,国有终极控股股东的两权分离在股权激励对公司科技创新投资效率的抑制效应方面不存在显著差异,支持本章的研究假设 H3-2。Panel B 中,模型(1)的主要变量 EI×Post 的系数在企业家型控股股东组中虽为负但不显著,而在资本家型控股股东组在 5% 的水平上显著为负。模型 2 的 Sep 的系数在企业家型

表 6-7　两权分离的控股股东属性、股权激励、科技创新投资效率

Panel A 国有与非国有"企业家型"终极控股股东

	模型 (1)				模型 (2)			
	国有控股股东		企业家型控股股东		国有控股股东		企业家型控股股东	
	系数	P值	系数	P值	系数	P值	系数	P值
EI	0.010 3	0.283	0.012 1	0.118	0.004 6	0.199	0.003 9	0.101
Post	−0.006 2	0.139	−0.008 7	0.192	−0.003 9	0.236	−0.004 1	0.119
EI×Post	−0.003 8	0.363	−0.004 4	0.177	−0.002 3	0.128	−0.002 6	0.216
Sep	\	\	\	\	−0.005 6*	0.078	−0.006 8**	0.027
EI×Post×Sep	\	\	\	\	−0.002 1*	0.064	−0.001 4*	0.059
Grow	0.001 4**	0.022	0.002 5*	0.086	0.001 8**	0.025	0.002 4**	0.046
Cash	0.046 4*	0.059	0.039 9**	0.042	0.024 1*	0.053	0.023 8**	0.024
Size	0.030 4**	0.025	0.022 5	0.222	0.023 9**	0.016	0.019 2	0.216
ROE	0.015 1**	0.047	0.010 2***	0.009	0.017 8**	0.014	0.027 3**	0.012
Lev	0.001 9*	0.051	−0.003 1	0.306	0.002 7**	0.046	−0.008 6	0.156
Z	0.008 9	0.194	0.010 1	0.213	0.009 1	0.232	0.007 3	0.417
Indep	0.003 7	0.245	−0.004 3	0.144	0.004 9	0.114	−0.002 7	0.286
Ind	0.002 3**	0.013	0.003 7**	0.033	0.001 5***	0.000	0.002 9**	0.037
截距	−0.299 6**	0.016	−0.148 1**	0.047	−0.140 8*	0.082	−0.051 2***	0.000
YEAR	控制							
N	3 032		3 388		3 032		3 388	
F检验	13.565***	0.000	19.835***	0.000	14.516***	0.000	15.904***	0.000
调整 R²	0.153 1		0.169 4		0.120 8		0.144 5	
分组交互变量差异P值	0.172				0.143			

Panel B 企业家型和资本家型的非国有终极控股股东

	模型（1）				模型（2）			
	企业家型控股股东		资本家型控股股东		企业家型控股股东		资本家型控股股东	
	系数	P值	系数	P值	系数	P值	系数	P值
EI	0.012 1	0.118	0.002 4	0.197	0.003 9	0.101	0.005 9	0.144
Post	−0.008 7	0.192	−0.013 2*	0.074	−0.004 1	0.119	−0.019 3**	0.032
EI×Post	−0.004 4	0.177	−0.006 3**	0.029	−0.002 6	0.216	−0.081**	0.028
Sep	\	\	\	\	−0.006 8**	0.027	−0.011 7***	0.009
EI×Post×Sep	\	\	\	\	−0.001 4*	0.059	−0.007 1***	0.005
Grow	0.002 5*	0.086	0.002 7	0.259	0.002 4*	0.046	0.001 1	0.204
Cash	0.039 9**	0.042	0.017 5*	0.071	0.023 8**	0.024	0.005 3	0.169
Size	0.022 5	0.222	0.014 7	0.261	0.019 2	0.216	0.013 1	0.294
ROE	0.010 2***	0.009	0.003 9**	0.042	0.027 3**	0.012	0.015 1*	0.061
Lev	−0.003 1	0.306	0.018 3*	0.091	−0.008 6	0.156	0.004 8**	0.028
Z	0.010 1	0.213	0.012 4*	0.063	0.007 3	0.417	0.015 3*	0.075
Indep	−0.004 3	0.144	0.001 6	0.115	−0.002 7	0.286	0.000 9	0.152
Ind	0.003 7**	0.033	0.006 2	0.305	0.002 9**	0.037	0.003 3	0.205
截距	−0.148 1**	0.047	−0.096 4**	0.014	−0.051 2***	0.000	0.013 6**	0.019
YEAR	控制							
N	3 388		1 648		3 388		1 648	
F检验	19.835***	0.000	20.268***	0.000	15.904***	0.000	17.294***	0.000
调整 R^2	0.169 4		0.174 2		0.144 5		0.155 9	
分组交互变量差异P值	0.000				0.000			

控股股东组和资本家型控股股东组分别为−0.068(在5％的水平上显著)和
−0.011 7(在1％的水平上显著),这表明,与企业家型终极控股股东相比,资本
型终极控股股东的两权分离对公司科技创新投资效率的抑制作用更强;EI×
Post×Sep的系数在企业家型控股股东组和资本家型控股股东组分别为
−0.014(在10％的水平显著)和−0.007 1(在1％的水平上显著),这表明,与

企业家型终极控股股东相比,资本型终极控股股东的两权分离在股权激励对公司科技创新投资效率的抑制效应方面的加剧作用更强。进一步,本文检验了交互变量的系数在两组样本之间的差异,发现差异在1％的水平上显著(P值为0.000),这更加表明,与企业家型终极控股股东相比,资本家型终极控股股东的两权分离带来的掏空原动力越强,越会加剧管理层股权激励对科技创新投资效率的抑制作用。以上三方面,均支持本章的研究假设 H3-1,即资本家型终极控股股东两权分离环境中股权激励的实施对公司科技创新投资效率的抑制效应更强。

6.4.3 稳健性测试

为提高研究结论的可靠性,本文以实施股权激励的观察样本公司在股权激励计划实施后(Post＝1)的6 647个观测值为研究对象,以股权激励水平①作为衡量股权激励的指标。从公司股权激励的水平来看,股权激励薪酬价值占总薪酬的比例的均值为35.3％,约25％的实施股权激励的上市公司管理层财富的80％来源于获得的股权激励。这表明即使在当前股权激励数量占公司总股本10％的限制下,管理层股权激励也为其财富增值助力不少(见表6-8)。在此基础上,构建模型(3),再次检验终极控股股东两权分离——股权激励——公司科技创新投资效率的关系(见表6-9)。检验结果与前文的实证结论总体上没有实质性差异,可以认为本文的研究结论是比较稳健的。

$$IA = \alpha + \beta_1 Level + \beta_2 CTRL(SEP) + \beta_3 Level \times CTRL(SEP)$$

$$+ \sum \varphi i controls + \varepsilon \qquad\qquad 模型(3)$$

表 6-8　股权激励水平的描述性统计

变量	均值	中值	标准差	最小值	25％分位	75％分位	最大值
Level	0.353	0.219	0.518	0.000	0.060	0.795	0.989

---

① 0.01＊股票收盘价＊股权激励数量/(0.01＊股票收盘价＊股权激励数量＋货币薪酬)。

表 6-9　科技创新投资效率与股权激励强度的检验结果

| | 终极控股股东两权匹配 | | 终极控股股东两权分离 | | | | | |
| | | | 国有控股股东 | | 企业家型 | | 资本家型 | |
	系数	P 值	系数	P 值	系数	P 值	系数	P 值
Level	0.019 7 ***	0.001	−0.064 *	0.067	−0.005 6 **	0.015	−0.020 2 ***	0.001
CTRL	0.051 2 **	0.022	\	\	\	\	\	\
Sep	\	\	−0.010 4 *	0.053	−0.026 6 **	0.036	−0.045 4 ***	0.000
Level × CTRL	0.014 8 ***	0.000	\	\	\	\	\	\
Level × Sep	\	\	−0.005 9 *	0.074	−0.009 2 *	0.081	−0.016 6 **	0.023
Grow	0.022 8 *	0.051	0.043 9 *	0.062	0.035 6 *	0.069	0.025 9	0.017 6
Cash	0.063 4 **	0.042	0.039 8 **	0.045	0.059 1 ***	0.007	0.039 2 *	0.095
Size	0.049 1 ***	0.000	0.029 8 ***	0.004	0.072 9 **	0.019	0.061 8 ***	0.000
ROE	0.007 6 **	0.047	0.009 4 **	0.038	0.008 4 *	0.068	0.010 2 *	0.052
Lev	0.114 7 ***	0.000	0.159 2 *	0.059	0.196 4 **	0.034	−0.112 6 **	0.049
Z	0.067 7	0.023 8	0.053 5	0.192	0.027 2	0.147	0.008 9 **	0.016
Indep	0.031 2 **	0.012	0.023 5	0.291	−0.047 1 ***	0.000	0.050 4 ***	0.000
Ind	0.056 1 ***	0.000	0.043 7 **	0.035	0.001 3	0.436	0.005 8	0.216
截距	−0.630 4 ***	0.006	−0.239 **	0.023	−0.011 6 **	0.025	0.201 1 **	0.018
N	2 963		1 368		1 578		738	
F 检验	16.707 ***	0.000	14.271 ***	0.000	13.958 ***	0.000	15.174 ***	0.000
调整 R^2	0.145 3		0.129 5		0.130 6		0.162 1	

注：*，**，*** 分别代表在 10%，5%，1%的水平上显著(双尾)。

6.5　本章小结

　　本章研究不同的终极控股股东现金流权和控制权的匹配程度对股权激励影响公司科技创新投资效率方面的治理效应。在理论分析的基础上，首先采用因子分析法，从科技创新的投入能力、科技创新的产出能力以及科技创新的成果转化能力构建了科技创新投资效率指标。其次，运用实施股权激励的样本与未推行股权激励的样本进行了科技创新投资效率的差异分析以及科技创新投资效率与股权激励的回归分析。结果发现，在终极控股股东两权匹配的环境中实施的管理层股权激励,可以提升公司的科技创新投资效率;股权激励的强度越大,对科技创新投资效率的促进作用越大。在终极控股股东两权分离的环境中实施的管理层股权激励反而会抑制公司的科技创新投资效率;股权激励的强度越大,对科技创新投资效率的抑制作用越大;终极控股股东的剥夺原动力越强,股权激励所发挥的对公司科技创新投资效率的抑制效应越强。当终极控股股东两权分离时,国有控股股东与企业家型的民营控股股东环境中股权激励的实施对公司科技创新投资效率的影响并无显著性差异;但与企业家型民营终极控股股东相比,资本家型民营终极控股股东的两权分离程度对股权激励抑制科技创新投资效率的加剧作用更大。

本章的研究表明,终极控股股东的现金流权和控制权的匹配程度会对控股股东对底层公司发挥的治理效应产生影响,进而影响股权激励的设计动机,以实现对底层公司科技创新投资效率的异质影响。股权激励在终极控股股东两权匹配的环境中实施,能有效提升公司对科技创新的能力;而在终极控股股东两权分离的环境中实施的股权激励,实质上成为控股股东收买管理层与之合谋进行利益侵占的工具,使高级管理层按照控股股东的意志进行投资决策,抑制了对股东共享收益有贡献的科技创新活动,抑制了公司的科技创新投资效率。与企业家型终极控股股东相比,资本家型终极控股股东的两权分离程度越高,其追逐控制权私利诱发的对公司科技创新投资效率的抑制倾向更强,进而体现为通过股权激励收买管理层抑制科技创新投资效率的加剧作用更大。

本章区别于国内之前关于控股股东治理领域多集中于控股股东"剥夺"的研究,通过对控股股东控制权与现金流权两权分离这一"剥夺"原动力的剖析发现,控股股东不仅存在"剥夺"动机,也存在"监督"动机。在我国非国有控股上市公司控股股东高度参与公司经营决策的现实环境下,管理层股权激励制度能否起效受到控股股东治理效应的影响,尚未有文献系统研究控股股东不同动机产生的不同的治理效应对管理层股权激励能否通过促进公司的科技创新活动进而实现提升公司价值目的的影响。本章找到了管理层股权激励在对公司科技创新投资效率方面发挥的效应受到控股股东动机影响的经验证据,还发现非国有终极控股股东"企业家"或"资本家"的属性会影响其对底层公司科技创新活动的态度,进而通过作为"合谋"工具的管理层股权激励对底层公司的科技创新能力产生异质影响。在当前我国经济顶层设计通过"创新驱动、智能转型"实现产业升级和结构性调整的宏观环境中,本章的研究结论可以为微观经济体保障管理层股权激励机制真正发挥正面的激励效应,以调动企业经营管理者创新积极性、缓解经营管理层对科技创新厌恶度,从完善控股股东治理方面提供一定的借鉴。

7. 研究结论与政策建议

7.1 研究结论

本书在对我国上市公司股权激励的政策变迁进行梳理和对上市公司股权激励的现状进行总结的基础上,采用理论分析、案例分析与实证分析相结合的方法,结合实施股权激励公司的公司治理特征,剖析股权激励的实施、水平以及方式的选择对公司投资效率以及支持公司长期可持续发展的科技创新投资效率的影响进行了研究。通过研究,得出如下研究结论:

第一,在以上海家化为对象的案例研究,发现股权激励契约设计动机体现的是管理层与控股股东权力博弈的结果。国有企业环境下"所有者缺位"和创江山型企业家的长期任职导致管理层权力主导下的股权激励具备福利动机;而追求短期收益的金融资本逐利的天然属性使资本家型的非国有控股股东在控制上市公司董事会、取得公司实质控制权后推出的股权激励则成为收买管理层为其实现控制权私利的工具。因此,管理层权力主导和控股股东权力主导所造成的内部人控制问题,会使得股权激励沦为内部人谋取私有收益的工具,损害公司价值。

第二,我国国有控股上市公司的非效率性投资主要表现为过度投资,股权激励的实施可以在一定程度上抑制公司的过度投资行为;而且国有公司为直接控股股东的上市公司中该效应的发挥更为显著;中央国有控股上市公司该效应的发挥比地方国企更为显著。但是,股权激励水平与过度投资水平呈现"U"形关系,股权激励存在一定的适度区间,在客观上存在一个"股权激励拐点"和最佳股权激励水平,在这一点上,股权激励对过度投资的抑制效应最大,企业的价值最大。本书的研究样本和研究窗口的回归模型获得最优股权激励水平为32.85%,这一最优股权激励水平在央企样本中反映为37.79%,在地方国企样本中反映为26.03%,表明在中央国企中实施的股权激励加剧过度投资的"管理层防御"效应的产生需要更高的股权激励水平。相对于国资委为直接控股股东,国有公司为直接控股股东更能保障股权激励对过度投资的抑制作用的发挥,也更能抵制股权激励水平过高产生的对过度投资的加剧效应。与整体而言股权激励数量占授予日上市公司总股本的比例不宜超过32.85%相比,在国有公司为直接控股股东的上市公司中实施股权激励,激励数量占授予日上市公司总股本的比例不宜超过44.02%,股权激励加剧过度投资的"管理层防御"效应更不容易产生。从股权激励方式的选择上看,在国有控股上市公司采用限制性股票激励方式,就目前而言,优于股票期权激励方式。整体而言,股权激励数量占授予日上市公司总股本的比例不宜超过32.85%,但在采用股票期权激励方式时,股权激励数量占授予日上市公司总股本的比例不宜超过9.17%。在相关股权激励法规限定了全部有效的股权激励计划所涉及的标的股票总数累计不得超过公司股本总额的10%的现行制度安排下,高于9.17%总股本的股票期权激励发挥的将是加剧过度投资的"管理层防御"效应,损害上市公司的价值。从公司治理的特征来看,独立董事在抑制国有控股上市公司过度投资方面并未发挥积极的治理效应;债权人监督能在一定程度上缓解有效的抑制国有控股上市公司的过度投资;总经理与董事长两职合一会加剧公司的过度投资,在职消费的自我隐性激励是过度投资的诱因之一。

第三,我国非国有控股上市公司既存在过度投资,也存在投资不足的问题。控股股东的动机会显著影响高管股权激励对公司投资效率的改善。股权激励在控股股东"支持"动机的环境中实施,能有效改善公司的投资效率;而在控股股东"掏空"动机的环境中实施的股权激励,实质上成为控股股东收买高管与之合谋进行利益侵占的工具,使高管按照控股股东的意志进行投资决策,缓解投资不足,但加剧过度投资。相对于限制性股票,股票期权激励方式是一把"双刃剑",一方面在控股股东"支持"动机的环境中能发挥更强的改善投资效率的作用,另一方面在控股股东"掏空"动机的环境中也会诱发过度的风险承担,加剧过度投资。

第四,无论是国有控股上市公司还是非国有控股上市公司,在终极控股股东两权匹配的环境中实施的管理层股权激励可以提升公司的科技创新投资效率;股权激励的强度越大,对科技创新投资效率的促进作用越大。在终极控股股东两权分离的环境中实施的管理层股权激励反而会抑制公司的科技创新投资效率;股权激励的强度越大,对科技创新投资效率的抑制作用越大;终极控股股东的剥夺原动力越强,股权激励所发挥的对公司科技创新投资效率的抑制效应越强。当终极控股股东两权分离时,国有控股股东与企业家型的民营控股股东环境中股权激励的实施对公司科技创新投资效率的影响并无显著性差异;但与企业家型民营终极控股股东相比,资本家型民营终极控股股东的两权分离程度对股权激励抑制科技创新投资效率的作用更大。

7.2 政策建议

股权激励作为缓解管理层自利行为引发的代理问题的机制设计,通过其激励契约的结构要素发挥对管理层行为的引导作用,并受到公司治理环境的影响。无论是案例分析还是大样本实证分析的经验证据均表明,在我国上市公司股权集中的所有权结构下,控股股东的治理效应直接影响股权激励对管理层行为的引导;要想真正发挥股权激励对投资效率的促进效应,需要一系列完整有效的企业内部条件和相关外部环境的支持。因此,在存在控股股东代理问题以及管理层代理问题的双重代理框架下,为了使股权激励真正发挥缓解管理层代理问题的积极的治理效应,引导管理层减少损害公司价值的非效率性投资,应合理确定股权激励的契约结构要素,并优化上市公司的治理环境。

7.2.1　不断完善公司治理结构

公司治理结构是联结和规范公司所有者、管理者、监督者之间权、责、利的制度安排。股东、董事会和经理人员是公司治理结构的主要部分,公司的意志由股东大会、董事会以及其所聘任的高级管理人员、监事会组成的执行机构共同形成一个互相制衡的组织系统来执行,是推行股权激励的操作平台。公司治理的实质在于治理主体对公司经营者的制衡与监督,以解决因契约不完备性和信息不对称而产生的逆向选择和道德风险问题。没有约束的激励是无效的激励,因此,完善的公司治理结构是股权激励制度发挥有效作用的前提,要使股权激励真正发挥作用,就必须形成科学合理的公司治理机制,以避免代理人的短期行为和"内部人控制"问题。

1. 股东治理

公司股东大会是对公司经营管理和股东利益等一切重大问题进行决策的最高权力机关,决定企业的激励政策和人力资源发展策略。因此,要强化企业所有者对公司股权激励运作状况的监督和控制,体现"事前监督、事中监督、事后监督"的全过程。大量的理论与实证研究的经验证据表明,在股权集中的所有权结构中,终极控股股东的两权分离,容易导致股权激励成为控股股东收买经营管理者,合谋侵占底层企业利益以及外部中小股东利益的筹码;而国有控股股东的"所有者缺位"会导致管理层控制下的股权激励成为管理层自谋福利的工具;国有控股股东的"政府干预"则会导致股权激励无法发挥应有的效应。因此,对于国有企业,要加强国有控股股东对底层公司的监督能力,减少国有控股股东对底层公司经营活动的非市场性"行政干预";对于非国有企业,要通过提高其他大股东对第一大股东的制衡能力,也要通过控制终极控股股东现金流权与控制权的两权分离度抑制控股股东的利益侵占的掏空效应,避免股权激励成为控股股东收买底层公司管理层合谋掏空的筹码。

2. 董事会治理

董事会处于公司治理结构的中心位置,是决策机构和执行机构,具体推行企业的激励政策。为了保证决策和管理的科学性和有效性,公司董事会常设有专业知识背景的独立董事组成的专门委员会,其中薪酬委员会负责薪酬和股权激励方案的设计和执行。因此,要保证董事会的独立性,需增加一定比例与公司无任何关系,且具有相关专业经验的外部独立董事,保证公司决策的独立性和科学性。强化对董事诚信勤勉义务与责任的追究,建立健全激励约束机制,强化信息披露,增加公司透明度。具体而言,主要包括:

(1)完善独立董事的激励机制

独立董事的津贴由董事会制定,交由股东大会审议通过,而且独立董事的津贴与其履职业绩并无明确的关联。这就使得独立董事与公司高级管理层存在千丝万缕的经济利益。公司高级管理层能够通过支付独立董事异常津贴实现对独立董事的收买,从而降低独立董事在对高管薪酬制定过程中的监督。因此,可以将独立董事津贴与其履职业绩挂钩,由网络股东大会对独立董事的履职情况进行评价(为避免大股东的侵占和过分干预,可以实行股东一人一票而非一股一票的投票表决机制),再根据评价结果支付津贴,在保证独立董事薪酬具有较高激励力度的同时,还能保持身份的完全独立。

与此同时,要健全和完善独立董事劳动力市场和声誉机制。比如可根据股东对独立董事年度表现的最终综合评价给予打分或评级。然后,独立董事协会将独立董事各年受聘情况和评级情况登记"入库",并以此为依据为新的独立董事需求提供备选方案,同时也作为依据决定是否除名或替换"数据库"内的独立董事。如此一来,就能避免独立董事市场的"逆向选择"问题。

(2)强化独立董事实质的独立性

独立性的刻画不但要考虑形式独立,更为重要的是实质独立。形式独立方面,无论是《关于上市公司建立独立董事制度的指导意见》还是《上市公司独立董事履职指引》都对其进行了规定,而实质性独立要求独立董事能够在人格上保持独立,由于难以观察而不可能有列举方式的明确界定。但是,可以从独立董事与其所属公司以及公司高级管理层的"实质性关系",以一般既定事实为基础,既考虑了可观察的显性因素,又考虑了一些隐性的社会关系对独立性产生的影响来判定独立董事实质的独立性,进而在选任独立董事时强调其实质独立性。比如亲属关系对实质独立性的影响,如果独立董事的直系亲属、主要社会关系(直系亲属是指配偶、父母、子女等;主要社会关系是指兄弟姐妹、岳父母、儿媳女婿、兄弟姐妹的配偶、配偶的兄弟姐妹等)是在上市公司或者其附属企业任职的人员,那么本人及其亲属不得担任该公司的独立董事。雇佣关系对实质独立性的影响,如果独立董事之前在某公司任职,或者独立董事的亲属在公司担任管理职务,那么此独立董事必须在任职关系结束时间超过一定年限后,才具有在该公司担任独立董事的资格。客户关系对实质独立性的影响,按照规定,独立董事可以至多同时在五家公司兼职,如果这些公司之间存在着上下游"供应商—客户"关系,且会计年度内公司之间的交易款项超过了某个"阈值",则此独立董事不具有实质独立性。社会关系,如同学、校友、老乡关系等对实质独立性的影响。近年来,在西方国家已经出现一些关于社会关系损害独立董事独立性的司法处理案件,本书的经验证据也表明,独立董事与股权激励对象存在学缘关系和地缘关系,这会影响其发挥对福利型股权激励方案设计行为的抑制作用。因此,在判断独立董事独立性时社会关系也是需要引起重视的因素。

(3)强调独立董事的专业背景和知识素养

独立董事要切实行使监督权,抑制高级管理层等内部人的自利机会主义行为,保障上市公司和股东利益,必须具备对高级管理层越来越隐蔽的自利机会主义发现的能力。在股权激励的设计和执行中,需要独立董事从公司的财务数据、日常交易信息、市场表现等海量信息中寻找隐匿在其后的管理层的行为,这就需要独立董事有更高的受教育程度,以实现知识层次更深、专业和理论基础更扎实的知识素养积淀,帮助提高其判断和决策的专业和科学性。具有财务与金融等专业背景的独立董事的财务经验积淀、思维模式以及资本市场运作的熟稔可以帮助其更加容易地迅速聚焦关键指标和事项,发现财务信息和市场表现信息后的高级管理层的自利行为。因此,可以通过政策导向强调独立董事的专业背景和知识素养,同时也应该在对独立董事的后续培训中加强对财务、金融等的专业培训内容。

3. 监事会治理

监事会的主要职能是独立行使对董事会、经营管理人员乃至整个企业管理的监督权,负责监督公司薪酬政策和股权激励计划的实际执行情况。因此,要不断提高监事会的独立性,避免监事会成员的经济利益由其监管的管理当局掌控,加大监事会的监督能力,如在监事会中设置员工代表和债权人代表,维护自身的相关利益并充分发挥监督权优势。这样才能有效地对公司董事会以及高管执行公司相关决策情况进行监督。

7.2.2 健全相关法律法规

法治经济下,任何市场行为都必须规范在严格的法律法规框架之内。股权激励的具体实施也涉及一系列的法律法规问题,包括证券法、公司法、税法、会计准则、股票上市规则等,这些法律法规的完善程度直接影响着股权激励的实施效果。我国已建设完成《上市公司股权激励管理办法》这一股权激励实施的政策性指导法规以及与之配对的《股份支付》会计准则、股权激励涉及的企业所得税费用抵扣和个人所得税股权激励薪酬纳税处理办法等配套法规。但这些法规还存在着一些不完善的条款和尚不明确的规定,一定程度上制约股权激励方案的激励功能,如股权激励涉及的企业所得税费用抵扣的税务处理方法和会计处理方法存在差异的协调问题。而且,我国企业进行股权激励的指导性政策纲领以及配套的会计、税务处理等法规主要针对的是上市公司,对于大量的非上市公司也需要通过股权激励缓解所有者与经营管理者的利益冲突、提供对提高公司投资效率带来的剩余收益索取权激励,以促进企业的经营管理者提高投资效率的积极性和主动性。因此,在完善针对上市公司的股权激励政策指导法规的同时,还需要进行非上市公司股权激励指导纲领文件和配对法规的建设。

7.2.3 加强资本市场有效性

限制性股票激励和股票期权激励的最终受益来源于激励对象在资本市场中变现其所持有的限制性股票或者股票期权行权获得的股权。若是资本市场的定价机制无法有效反映企业管理层和技术人员在股权激励之后通过努力工作和正确科学决策提升公司投资效率进而带来公司价值的增长,激励对象就无法从资本市场的股票变现中分享到股权激励促进公司投资效率能力后带来的剩余收益。若是激励对象可以通过会计盈余操纵、信息披露操纵等方式对股价进行操纵,他们就无需努力去改善投资效率、提升公司价值进而提高公司股价,而是通过成本低廉的股价操纵行为实现股权激励的收益。因此,成熟有效的资本市场可以为上市公司股权激励功能的发挥提供保证,也能为企业业绩评估提供重要的指标参考。另外,对受到激励的企业经营者也起着很好的约束作用。

资本市场有效性的培育是一项复杂的系统工程。我国的资本市场仍处于不断发展阶段,信息不对称程度较高;资本市场的合理定价和进行有效的资源配置的功能发挥有限;中小股东特别是散户投资者的素质有待提高,跟风的非理性投资的羊群效应明显;公司的控股股东以及高级管理层为实现私利进行直接的股价操纵或者通过信息披露操纵间接影响股价的自利行为常有发生。因此,一方面应加大在稳定市场、减少投机等方面具有明显作用的机构投资者的培育,促进股票市场的理性化。应以限制内部交易、强化信息披露为关键加强资本市场建设,强化禁止幕后交易和操纵股价的管制,这需要政府监管与市场监管双管齐下,发挥广大股民的监督作用,培养理性的市场投资者,促进我国会计信息市场的有效形成。要强化信息披露监管,相关部门应密切监管上市公司股价变动情况,对于股价异常波动的上市公司要及时进行审查,明确是否存在内部交易以及操纵市场的行为。另外,我国的资本市场中专业机构规模偏小,而机构投资者是由市场造就,因此建立宽松的资本市场管制会促使机构投资者不断涌现,同时应当加强市场监管部门对于机构投资者的监督力度,以尽可能杜绝机构投资者对公司股价的投机性炒作。机构投资者应积极参与市场有效信息的制造,引导企业经理人去发掘、制造投资信号,只有这样,股权激励制度才能够通过股价变动传递这些信号,才可以改善与优化资本市场的资金配置效率和企业的资源配置效率。

另一方面应发挥融券做空机制这一"股市清道夫"的积极外部治理效应。融券的做空投资者首先通过各种渠道搜集负面信息,发现"问题公司",进而锁定目标,找到具体证据;其次通过融券卖空"问题"上市公司股票;第三步联合其他机构,公开发布负面消息,最大限度制造投资者恐慌,当上市公司股价下跌时,再去买券还券,以此盈利。这种为自身牟利的主观行为,客观上对市场中所有上市公司的信息披露违规行为产生威慑作用,为了避免成为做空者的"猎物"导致公司市值、名声的损失和违规行为被曝光后的惩罚,上市公司的经营管理者等股权激励对象会约束自身通过盈余操纵、信息披露操纵等方式实现股权激励薪酬收益的违规行为,这就发挥出融券做空机制抑制股权激励中的自利行为的外部治理效应。另外,还应构建法律监管和舆论监督的互动机制,健全信息披露制度,增加市场透明度,加大对企业经营管理者通过盈余操纵、信息披露操纵等方式实现股权激励薪酬收益的违规行为的惩罚力度,从而保障投资者权益。

7.2.4 优化企业绩效考核体系

对业绩进行公正客观的考核评价是企业有效实施股权激励,实现管理和技术要素参与企业剩余利益分配的关键性因素之一。股权激励方案的实施与企业和激励对象的业绩直接相关,必须建立和完善科学的绩效考核体系,否则难以做到公正和公平,股权激励的有效性也更无从谈起。一个良好的业绩评价体系是激励机制发挥作用的前提和基础。如果不能正确地衡量关键人力资本的业绩贡献,使其获得的收益远低于应该获得的数量,激励就是无效的,相反则会损害其他所有者的利益。对企业业绩和个人业绩的准确评估,依赖于准确可靠的会计信息。因此在准确、透明的财务制度所提供的真实数据基础之上,不断健全和完善绩效考核体系,是保证激励效果科学、有效的关键。

在央企的业绩考核中,国资委引入了经济附加值(EVA)。EVA 对会计利润进行改进,体现经济利润,反映企业的价值创造。从经济学的角度看,成本是指将有限的资源投入生产中而丧失的该资源在其他用途中所获得的最大利益。也就是说,站在经济学的角度,企业总成本应该是各种投入资本的机会成本之和。EVA 指标计算中"加权平均资本成本(WACC)×企业总融资(TC)"这部分把股东权益成本包括在利润计算内,这就充分考虑了企业的投资效率活动所创造的价值是否能满足作为企业所有者的股东所要求的最低回报。而且,EVA 的计算过程还会对利润进行调整,校正会计人员选择会计政策、会计估计的主观倾向问题和会计准则本身固有的缺陷,从而使 EVA 更加接近经济利润。如对投资效率经费投入的研发费用的调整,调整的基本原理是,将用于创造未来收入而不是用于创造当期收入的营业费用资本化,如果不将其资本化,就会使短期利润降低,由此可能导致研发投资不足。这样的调整,是对会计利润指标的一种改进,它更清晰地告诉企业的相关利益者,企业的投资效率活动的经济后果,在剔除了资金供给者的融资成本后,是否真的在创造价值。所有者的利益在于使公司价值、股票价值不断上升,而 EVA 恰恰是反映企业创造价值的指标。经验数据显示,EVA 持续大于零的企业,其股票价值也是不断上升的。EVA 能够促使管理者站在所有者的位置进行思考和行动。

因此,以 EVA 作为股权激励的业绩考核指标,更符合股权激励缓解代理冲突,提升企业价值的终极目标。可以引入经济附加值这一先进的财务评价指标,并结合平衡计分卡这种绩效计量方式将一些关键非财务指标也纳入绩效考核体系,保证绩效评价的全面性和准确性。绩效考核要充分将公司财务指标和市场导向指标结合起来,在指标选择上做到短期与长期的权衡、风险与收益的均衡。

7.2.5 正确选择股权激励方式和激励期限

西方的研究多表明股票期权的激励效果强于限制性股票,但这是基于经理人为厌恶风险的前提下的,我国经理人市场的不健全,使得管理层声誉机制没有发挥作用,高级管理层不一定像西方代理理论中假设的那样厌恶风险,股票期权所提供的风险激励会导致高管过度承担风险,更容易形成与控股股东的合谋效益,联手侵占外部中小股东利益,损害公司价值。因此,对我国管理层实施股权激励,不能照搬西方的理论和经验,应根据国情因地制宜地选择股权激励的方式,不能盲目选择股票期权激励方式。

首先,当前国有企业的"所有者缺位"和"经营管理者一定程度上的行政任命"使得国有企业经营管理者对于风险的态度并不像西方传统代理理论中假设的经营管理者较股东而言厌恶风险。在此环境中,限制性股票激励更体现股权激励的长期激励原理,其权利与义务的对等性不会产生过度的风险激励,而且限制性股票激励方式下高管不可能存在等待期内为压低股权激励获取成本而进行自利的机会主义,因此,就当前国有企业的治理环境而言,限制性股票激励方式对企业投资效率的促进作用更大,是更优的一种股权激励方式。其次,在股权集中的非国有控股上市公司,相对于限制性股票,股票期权激励方式是一把"双刃剑",一方面在控股股东"支持"动机的环境中能发挥更强的改善投资效率的作用,另一方面在控股股东"掏空"动机的环境中也会诱发过度的风险承担,加剧过度投资。因此,在终极控股股东持"支持"动机的环境中应采用股票期权激励方式,而在终极控股股东因两权分离而持"掏空"动机的环境中,若加强了其他大股东对终极控股股东的制衡能力而采用股权激励,也应采用限制性股票激励方式。

　　虽然控股股东的掏空行为会导致上市公司价值的损害,但由于信息不对称的存在,股价对该公司价值损失的反映具有滞后性。限制性股票的锁定期以及股票期权的等待期越短,管理层越容易在股价尚未反映公司价值损失前抛售股权激励所获得的股票,控股股东的"掏空"行为导致管理层股权激励薪酬财富损失的风险越小,越容易发生高管与控股股东的合谋。因此,要防止股权激励成为控股股东收买管理层与之同谋侵占外部中小股东利益的工具,控股股东外的其他股东在审议董事会提出的股权激励预案时,应结合公司自身特征适当延长股权激励契约中的等待期、锁定期、禁售期。

参 考 文 献

[1] Abody, D., and R. Kasznik. CEO Stock Option Awards and Timing of Corporate Voluntary Disclosures[J]. Journal of Accounting and Economics, 2000, 29(1):73-100.

[2] Abody, D., M.E.Barth and R.Kasznik. Firm's Voluntary Recognition of Stock-Based Compensation Expense[J]. Journal of Accounting Research, 42(2), 2004:123-150.

[3] Aboody, D.N., B.Johnson and R.Kasznik. Employee stock options and future firm performance: Evidence from option repricings[J]. Journal of Accounting and Economics, 2010(1):74-92.

[4] Acharya, Viral V., and Bisin, Alberto. Managerial hedging, equity ownership and firm value[J]. Journal of Economics, 2009(1):47-77.

[5] Aggarwal R. and A. Samwick, Empire Builders and Shirkers: Investment, Firm Performance and Managerial Incentives[J]. Journal of Corporate Finance, 2006, 12(3):305-360.

[6] Alessandri T. M., Pattit J. M.. Drivers of R&D investment: The interaction of behavioral theory and managerial incentives[J]. Journal of Business Research, 2014, 67(2): 151-158.

[7] Armstrong, C.S., Vashishtha, R. Executive stock options, differential risk-taking incentives, and firm value[J], Journal of Financial Economics, 2012, 104(1):70-88.

[8] Baber W. R., Fairfield P. M., and Haggard J. A.. The Effect of concern about Reported Income on Discretionary Spending Decisions: The Case of Research and Development[J]. The Accounting Review, 1991, 66(4):818-829.

[9] Baek J.S., Kang J.K., Lee I.. Business groups and tunneling: Evidence from private securities offerings by Korean Chaebols[J]. Journal of Finance, 2006, 61(5):2415-2449.

[10] Bebehuk, L., and J.Fried. Executive compensation as an agency problem[J]. Journal of Economic perspectives, 2003, 17(3):71-92.

[11] Bebehuk, L., A.Cohen, and A.Ferrell. What matters in corporate governance[J]. Review of Financial Studies, 2009, 22(2):783-827.

[12] Bebehuk, L., and J.Fried. How to tie equity compensation to long-term results[J], Journal of Applied Corporate Finance, 2010, 22(1):99-107.

[13] Bebehuk, L., Y.Gtinstein, and U.Peyer. Lucky CEOs and lucky directors[J]. Journal of Finance, 2010, 65(6):99-107.

[14] Bozec, Y., and Laurin, C. Large shareholder entrenchment and performance: empirical evidence from Canada[J]. Journal of Finance and Economy, 2008, 35(1):25-49.

[15] Brockman, P.Martin, and X.A.Puckett. Voluntary disclosures and the exercise of CEO stock options[J], Journal of Corporate Finance, 2010, 16(1):120-136.

[16] Brown, J., N.Liang and S.Weisbenner. Executive financial incentives and payout policy: Firm responses to the 2003 dividend tax cut, The Journal of Finance, 2007(4):1935-1965.

[17] Burkart, M., Panunzi, F., Agency conflicts, ownership concentration, and legal shareholder protection[J]. Journal of Financial Intermediation, 2001, 15(1):1-31.

[18] Burkart, M., Panunzi, F., and Shleifer, A. family firms[J]. The Journal of Finance, 2003, 58(5):2167-2202.

[19] Chen Y.R., Ma, Y.. Revisting the Risk-taking Effect of Executive Stock Options on Firm Performance[J]. Journal of Business Research, 2011, 64(6):640-648.

[20] Chen, Z., Ke, B., and Z.Yang. Minority shareholders' control rights and the quality of corporate decisions in weak investor protection countries: A natural experiment from China[J]. The Accounting Review, 2013, 88:1211-1238.

[21] Cheng S.. R&D expenditures and CEO compensation[J]. The Accounting Review, 2004, 79(2):305-328.

[22] Cheng, Q. and T.D.Warfield. Equity incentives and earning management[J]. The Accounting Review, 2005, 80(2):441-476.

[23] Cheung Y., R. Rau and A. Stouraiti. Tunneling, propping, and expropriation; evidence from connected party transactions in Hong Kong [J]. Journal of Financial Economics, 2006, 82(2):343-386.

[24] Claessens S., Djankov S.. Ownership concentration and corporate performance in the Czech Republic[J]. Journal of Comparative Economics, 1999, 27(3):498-513.

[25] Cohen, D., and P. Zarowin. Accrual-based and real earnings management activities around seasoned equity offerings[J]. Journal of Accounting and Economics, 2010, 50(1):2-19.

[26] Coles, J.L., M.Hertzel, and S.Kalpathy. Earnings management around employee stock option reissues[J]. Journal of Accounting and Economics, 2006, 41(1-2):173-200.

[27] Core, J. E., W. R. Guay, Lareker, D. F. The power of the pen and executive Compensation, Journal of Financial Economics, 2008, 88(1):1-25.

[28] Cornett, M.M., A.J.Mareus and H.Tehranian. Corporate governance and Pay-for-performance: The impact of earnings management[J], Journal of Financial Economics, 2008, 87(2):357-373.

[29] Cull R. and L.C.Xu. Institutions, ownership, and finance: The determinants of profit reinvestment among Chinese firms[J]. Journal of Financial Economics, 2006, 77(1):117-146.

[30] Datta, S., M.Iskandar-Datta, and K.Raman. Excutive compensation and corporate acquisition decisions[J]. Journal of Financial Economics, 2001, 56(6):2229-2336.

[31] Datt, and Iskandar, and Raman. Managerial Stock Ownership and the Maturity Structure of Corporate Debt[J]. Journal of Corporate Finance, 2005, 60(5):2333-2350.

[32] David, P., R.Kochar and E.Levitas. The Effect of Institutional Investors on the

Level and Mix of CEO Compensation[J]. Academy of Management Journal, 1998, 41(2): 200-208.

[33] David, J.Denis, Paul Hanouna and Atolya Sarin. Is there a dark side to incentive compensation? [J]. Journal of Corporate Finance, 2006, 12(3):467-488.

[34] Dechow, P.M. and R.G.Sloan, Executive incentives and the horizon problem[J], Journal of Accounting and Economics, 1991, 14(1):51-89.

[35] Defusco, R.A., R.R.Johnson and T.S.Zorn, The Effect of Executive Stock Option Plans on Stockholders and Bondholders[J], The Journal of Finance, 55, 1990:617-627.

[36] Dennis Oswald, Steven Young. Share-acquisition, surplus cash and agency problems. Journal of Banking & Finance, 2007, 32(5):795-806.

[37] Dong, Z., Wang, C., Xie, F. Do Executive Stock Options Induce Excessive Risk Taking? [J]. Journal of Banking and Finance, 2010, 34(10):2518-2529.

[38] Dow S., J.McGuire. Propping and tunneling: empirical evidence from Japanese keiretsu[J]. Journal of Banking and Finance, 2009, 33(10):1817-1828.

[39] Fama, E.F. Agency Problems and the Theory of the Firm[J], Journal of Political Economy, 1980, 88(2):288-307.

[40] Fama, E.F. and M.C.Jensen. Agency Problem and Residual Claims[J], Journal of Law and Economic, 1983, 26(2):327-349.

[41] Friedman E., S.Johnson and T.Mitton, Propping and tunneling[J]. Journal of Comparative Economics, 2003, 31(4):732-750.

[42] Gong, J. J., Li S.. CEO Incentives and Earnings Prediction [J]. Review of Quantitative Finance and Accounting, 2013, 40(4):647-674.

[43] Hart, O.. Firm, contract and financial structure[M]. Oxford University Press. 1995.

[44] Heron, R.A., and Lie, E. What fraction of stock option grants to top executives have been backdated or manipulated? [J]. Management Science, 2009, 55(4):513-525.

［45］Heron, R.A., and Lie, E. Does backdating explain the stock price pattern around executive stock option grants? ［J］. Journal of Financial Economics, 2007, 83(2):271-295.

［46］Heron, R.A., and Lie, E. What fraction of stock option grants to top executives have been backdated or manipulated? ［J］. Management Science, 2009, 55(4):513-525.

［47］Holmstrom, B.. Managerial incentive problems: A dynamic perspective［J］, Review of Economic Studies, 1999, 66(1):169-182.

［48］Janet H.Marler, Christophe Faugere. Shareholder activism and middle management equity incentives［J］, Corporate Governance: An International Review, 2010, 18(4):313-328.

［49］Jensen, M.C., and W.H.Meckling. Theory of the firm: Managerial behavior, agency costs and ownership structure［J］. Journal of Financial Economies, 1976, 3(4):305-360.

［50］Jensen, M.C.. Agency costs of free cash flow, corporate finance, and takeovers［J］. American Economic Review, 1986, 76(2):323-329.

［51］Jensen, M., Murphy, K.. Performance pay and top-management incentives［J］. Journal of Political Economy, 1990, 98(2):225-264.

［52］Johnson S., La Porta R., Lopez-de-Silanes F.. Tunneling［J］. American Economic Review, 2000, 90(2):22-27.

［53］Kabir, R., Li, H., Vels-Merkoulova, Y.V.. Executives compensation and the cost of debt［J］. Journal of banking & finance, 2013, 37(8):2893-2907.

［54］Keys, B.J., T.Mukherjee, Seru, A., Vi g V. Did securitization lead to lax screening? Evidence from subprime loans［J］, Quarterly Journal of Economics, 2010, 125(1):307-362.

［55］Krich G, Terra P R. Determinants of Corporate Debt Maturity in South America: Do Institutions Quality and Financial Development Matter? ［J］. Journal of Corporate Finance, 2012, 18(4):980-993.

[56] Kuang, Y. E., Qin, B.. Credit ratings and CEO risk-taking incentives[J]. Contemporary accounting research, 2013, 30(4):1524-1559.

[57] La Porta, R.Lopez-de-Silanes, F. and A.Shleifer. Corporate ownership around the world[J]. Journal of Finance, 1999, 59(2):471-517.

[58] La Porta R., F.Lopez-de-silanes, A.Shleifer and R.Vishny. Investor Protection and Corporate Valuation[J]. Journal of Finance, 2002, 57(3):147-1170.

[59] Lie, E. On the timing of CEO stock option awards[J]. Management Science, 2005, 51(5):802-812.

[60] Lin C., Ma Y., Malatesta P., Xuan Y H.. Ownership Structure and the Cost of Corporate Borrowing[J]. Journal of Financial Economics, 2011, 100(1):1-23.

[61] Mak, Y.T., and Y.Li, Determinants of corporate ownership and board structure: evidence from Singapore[J]. Journal of Corporate Finance, 2001, 7(3):235-256.

[62] May, D.. Do managerial motives influence firm risk reduction strategies? [J]. The Journal of Finance, 1995, 50(4):1291-1308.

[63] Matsunaga, S. R., The Effects of Financial Reporting Costs on the Use of Employee Stock Options[J]. The Accounting Review, 1995, 70(1), 1995:1-26.

[64] Mehran, H. Executive Incentive Plans, Corporate Control, and Capital Structure [J]. Journal of Financial and quantitative Analysis, 1992, 27(4):539-560.

[65] Mehran, H., Executive compensation, ownership, and firm performance[J]. Journal of Financial Economics, 1995, 38(2):163-184.

[66] Mehran, H., G. Nogler and K. Schwartz. CEO Incentive Plans and Corporate Liquidation Policy[J]. Journal of Financial Economics, 1998, 50(50):319-349.

[67] Erickson, M., M.Hanlon, E.L.Maydew. Is there a link between executive equity incentives and accounting fraud? [J] Journal of Accounting Research, 2006, 44(1):113-143.

[68] Morck R., A.Shleifer, Vishny. Management ownership and market valuation: an empirical analysis[J]. Journal of Financial Economics, 1998, 20(88):293-315.

[69] Murphy, K. J., and J. L. Zimmerman, Financial Performance Surrounding CEO Turnover[J]. Journal of Accounting and Economics, 1993, 16(1-3):273-315.

[70] Murphy, K. J. Politics, Economics and Executive Compensation[J]. University of Cincinnati Law Review, 1995, 63(2):713-748.

[71] Murphy, K. J. Performance Standards in Incentive Contracts [J]. Journal of Accounting and Economics, 2000, 30(3):245-278.

[72] Murphy, K. J. Stock-Based Pay in New Economy Firms[J]. Journal of Accounting and Economics, 2002, 34(1):129-147.

[73] Myers, S. C. Determinants of Corporate Borrowing [J]. Journal of Financial Economics, 1997, 5(2):147-175.

[74] Myers S.C. and N.S.Majluf. Corporate Financing and Investment Decisions: When Firms have Information that Investors do not have[J]. Journal of Financial Economics, 1984, 13(2):187-222.

[75] Narayanan, M. P., and Seyhun H. N. The dating game: do managers designate option grant dates to increase their compensation? [J]. Review of Financial Stuides, 2008, 21 (5):1907-1945.

[76] Ofek, E., and D. Yermack. Taking stock: Equity based compensation and the evolution of managerial ownership[J].Journal of Finance, 2000, 55(3):1367-1384.

[77] Oyer, P. Why Do Firms Use Incentives That Have No Incentive Effects? [J]. The Journal of Finance, 2004, 59(4):1619-1649.

[78] Panousi, V., D.Papanikolaou. Investment, idiosyncratic risk, and ownership[J]. Journal of Finance, 2012, 67(3):1113-1148.

[79] Parrino R. and M. S. Weisbach. Measuring investing distortions arising from stockholder-bondholder conflicts[J].Journal of Financial Economics, 1999, 53(1):3-42.

[80] Panousi, V., D.Papanikolaou. Investment, Idiosyncratic risk, and ownership[J]. Journal of Finance, 2012, 67(3):1113-1148.

［81］ Richardson, S., Overinvestment of free cash flow［J］. Review of Accounting Studies, 2006, 23(11):159-189.

［82］ Ross, S., Compnsation, incentive, and the duality of risk aversion and riskiness ［J］. Journal of Finance, 2006, 59(1):207-225.

［83］ Ryan H.E., Wiggins R.A., The interaction between R&D investment decisions and compensation policy［J］. Financial Management, 2002, 31(1):5-29.

［84］ Sanders, W.G., Hambriek, D.C. Swinging for the fences: the effects of CEO stock options on company risk taking and performances, Academy of Management Journal, 2007 (50):1055-1078.

［85］ Shaw, K.W., CEO incentives and the cost of debt［J］. Review of quantitative finance and accounting, 2012, 38(3):323-346.

［86］ Shleifer A., Vishny R.W., A survey of corporate governance［J］. The Journal of Finance, 1997, 52(2):737-783.

［87］ Stephen G.Sapp. The impact of corporate governance on executive compensation, European Financial Management, 2008(4):710-746.

［88］ Thomas, R.S. and K.J.Martin. The Determinants of Shareholder Voting on Stock Options Plans［J］. Wake Forest Law Review, 2000, 35(1):31-81.

［89］ Tufano, P., Who manages risk? An empirical examination of risk management practices in the gold mining industry［J］. The Journal of Finance, 1996, 51(4):1097-1137.

［90］ VV Acharya, A Bisin. Managerial hedging, equity ownership, and firm value［J］. Journal of Economics, 2009, 40(1):47-77.

［91］ V Laux. On the benefits of allowing CEOs to time their stock option exercises［J］. Journal of Economies, 2010, 41(1l):118-138.

［92］ Wruck, K.H. Stock-Based Incentives and Investment Decisions: A Comment［J］. Journal of Accounting and Economics, 1993, 16(1-3):373-380.

［93］ Wu J., and R.Tu. CEO stock option pay and R&D spending: a behavioral agency explanation[J]. Journal of Business Research, 2007, 60(5):482-492.

[94] Yermack, D. Good timing: CEO stock option awards and company news announcements[J]. Journal of Finance, 1997, 52(2):449-476.

[95] Uzuna H. and Zheng Y. The effects of option incentives on backdating and earnings management[J]. International Journal of Business, 2012, 17(1):1-23.

[96] 陈昆玉:《创新型企业的创新活动、股权结构与经营业绩:来自中国 A 股市场的经验证据》,《宏观经济研究》2010 年第 4 期。

[97] 陈仕华、李维安:《中国上市公司股票期权:大股东的一个合法性"赎买"工具》,《经济管理》2012 年第 3 期。

[98] 陈效东、周嘉南:《高管股权激励与公司 R&D 支出水平关系研究——来自 A 股市场的经验证据》,《证券市场导报》2014 年第 2 期。

[99] 程仲鸣、夏新平、余明桂:《政府干预,金字塔结构与地方国有上市公司投资》,《管理世界》2009 年第 9 期。

[100] 杜建华:《终极股东两权分离、投资者保护与过度投资》,《软科学》2014 年第 7 期。

[101] 窦欢、张会丽、陆正飞:《企业集团、大股东监督与过度投资》,《管理世界》2014 年第 7 期。

[102] 黄志忠:《股权比例、大股东"掏空"与全流通》,《南开管理评论》2009 年第 1 期。

[103] 姜付秀、伊志宏、苏飞、黄磊:《管理者背景特征与企业过度投资行为》,《管理世界》2009 年第 1 期。

[104] 姜付秀、张敏、陆正飞、陈才东:《管理者过度自信、企业扩张与财务困境》,《经济研究》2009 年第 1 期。

[105] 李延喜、曾伟强、马壮、陈克兢:《外部治理环境、产权性质与上市公司投资效率》,《南开管理评论》2015 年第 1 期。

[106] 李延喜、陈克兢、刘伶、张敏:《外部治理环境、行业管制与过度投资》,《管理科学》2013 年第 1 期。

[107] 李增泉、孙铮、王志伟:《"掏空"与所有权安排——来自我国上市公司大股东资金

占用的经验证据》,《会计研究》2004 年第 12 期。

[108] 刘善敏、林斌:《大股东掏空与经理人薪酬激励——基于资金占用的视角》,《中国会计评论》2011 年第 4 期。

[109] 刘星、刘伟:《监督抑或共谋——我国上市公司股权结构与公司价值的关系研究》,《会计研究》2007 年第 6 期。

[110] 刘星、窦炜:《基于控制权私有收益的企业非效率投资行为》,《中国管理科学》2009 年第 5 期。

[111] 刘星、宋小保:《控股股东控制权、现金流权与技术创新投资——基于实物期权的分析》,《管理工程学报》2008 年第 4 期。

[112] 柳建华、魏明海、郑国坚:《大股东控制下的关联投资:"效率促进"抑或"转移资源"》,《管理世界》2008 年第 3 期。

[113] 卢锐、魏明海、黎文靖:《管理层权力、在职消费与产权效率——来自中国上市公司的证据》,《南开管理评论》2008 年第 5 期。

[114] 吕长江、严明珠、郑慧莲、许静静:《为什么上市公司选择股权激励计划》,《会计研究》2011 年第 1 期。

[115] 吕长江、郑慧莲、严明珠、许静静:《上市公司股权激励制度设计:是激励还是福利?》,《管理世界》2009 年第 9 期。

[116] 吕长江、巩娜:《股权激励会计处理及其经济后果分析——以伊利股份为例》,《会计研究》2009 年第 5 期。

[117] 吕长江、张海平:《股权激励计划对公司投资行为的影响》,《管理世界》2011 年第 11 期。

[118] 潘泽清、张维:《大股东与经营者合谋行为及法律约束措施》,《中国管理科学》2004 年第 6 期。

[119] 强国令:《管理层股权激励是否降低了公司过度投资——来自股权分置改革的经验证据》,《投资研究》2012 年第 2 期。

[120] 权小锋、吴世农、文芳:《管理层权力、私有收益与薪酬操纵》,《经济研究》2010 年

第 11 期。

[121] 邵帅、周涛、吕长江：《产权性质与股权激励设计动机——上海家化案例分析》，《会计研究》2014 年第 10 期。

[122] 申明浩：《治理结构对家族股东隧道行为的影响分析》，《经济研究》2008 年第 6 期。

[123] 沈丽萍、黄勤：《经营者股权激励、创新与企业价值——基于内生视角的经验分析》，《证券市场导报》2016 年第 4 期。

[124] 苏剑：《日本上市公司研发投资与公司治理结构探讨》，《证券市场导报》2013 年第 3 期。

[125] 孙健、卢闯：《高管权力、股权激励强度与市场反应》，《中国软科学》2012 年第 4 期。

[126] 孙健：《终极控制权与资本结构的选择——来自沪市的经验证据》，《管理科学》2008 年第 2 期。

[127] 谭洪涛、袁晓星、杨小娟：《股权激励促进了企业创新吗？——来自中国上市公司的经验证据》，《研究与发展管理》2016 年第 2 期。

[128] 汤业国、徐向艺：《中小上市公司股权激励与技术创新投入的关联性——基于不同终极产权性质的实证研究》，《财贸研究》2012 年第 2 期。

[129] 唐清泉、夏芸、徐欣：《我国企业高管股权激励与研发投资——基于内生性视角的研究》，《中国会计评论》2011 年第 1 期。

[130] 唐雪松、周晓苏、马如静：《政府干预，GDP 增长与地方国企过度投资》，《金融研究》2010 年第 8 期。

[131] 唐雪松、周晓苏、马如静：《上市公司过度投资行为及其制约机制的实证研究》，《会计研究》2007 年第 7 期。

[132] 汪健、卢煜、朱兆珍：《股权激励导致过度投资吗？——来自中小板制造业上市公司的经验证据》，《审计与经济研究》2013 年第 5 期。

[133] 王化成、曹丰、叶康涛：《监督还是掏空：大股东持股比例与股价崩盘风险》，《管理世界》2015 年第 2 期。

[134] 王烨、叶玲、盛明泉：《管理层权力、机会主义动机与股权激励计划设计》，《会计研

究》2012 年第 10 期。

[135] 王咏梅、任飞:《谁更愿意设立审计委员会？——基于终极控制人类型的审计委员会设立动机研究》,《会计研究》2011 年第 6 期。

[136] 吴育辉、吴世农:《高管薪酬:激励还是自利？——来自中国上市公司的证据》,《会计研究》2010 年第 11 期。

[137] 辛宇、吕长江:《激励、福利还是奖励:薪酬管制背景下国有企业股权激励的定位困境——基于泸州老窖的案例分析》,《会计研究》2012 年第 6 期。

[138] 徐菁、黄珺:《大股东控制权收益的分享与控制机制研究》,《会计研究》2009 年第 8 期。

[139] 徐倩:《不确定性、股权激励与非效率投资》,《会计研究》2014 年第 3 期。

[140] 杨华军、胡奕明:《制度环境与自由现金流的过度投资》,《管理世界》2007 年第 9 期。

[141] 杨慧辉、葛文雷、程安林:《股票期权激励计划的披露与经理的机会主义行为》,《华东经济管理》2009 年第 3 期。

[142] 杨慧辉:《股权分置改革后上市公司经理股权激励合约的优化研究》,东华大学 2009 年博士学位论文。

[143] 杨慧辉、潘飞、奚玉芹:《期权激励诱发高管择时的西方研究评述及对中国的启示》,《外国经济与管理》2015 年第 5 期。

[144] 杨慧辉、潘飞、奚玉芹:《股权激励中的大股东——高管权力博弈与公司的过度投资行为》,《江西财经大学学报》2015 年第 5 期。

[145] 杨慧辉、潘飞、奚玉芹:《直接控股股东类型、股权激励对国企业投资效率的影响》,《山西财经大学学报》2016 年第 1 期。

[146] 杨慧辉、潘飞、梅丽珍:《节税驱动下的期权行权日操纵行为及其经济后果研究》,《中国软科学》2016 年第 1 期。

[147] 杨慧辉、奚玉芹、闫宇坤:《控股股东动机、股权激励与非国有企业的投资效率》,《软科学》2016 年第 1 期。

[148] 俞红海、徐龙炳、陈百助:《终极控股股东控制权与自由现金流过度投资》,《经济研究》2010 年第 8 期。

[149] 李延喜、曾伟强、马壮、陈克兢:《外部治理环境、产权性质与上市公司投资效率》,《南开管理评论》2015 年第 1 期。

[150] 俞红海、徐龙炳、陈百助:《终极控股股东控制权与自由现金流过度投资》,《经济研究》2010 年第 8 期。

[151] 张功富、宋献中:《我国上市公司投资:过度还是不足？——基于沪深工业类上市公司非效率投资的实证度量》,《会计研究》2009 年第 5 期。

[152] 张洪辉、夏天、王宗军:《公司治理对我国企业创新效率影响实证研究》,《研究与发展管理》2010 年第 3 期。

[153] 张鸣、郭思永:《大股东控制下的定向增发和财富转移——来自中国上市公司的经验证据》,《会计研究》2009 年第 5 期。

[154] 张文龙、李峰、郭泽光:《现金股利——控制还是掠夺》,《管理世界》2009 年第 3 期。

[155] 张治理、肖星:《我国上市公司股权激励计划择时问题研究》,《管理世界》2012 年第 7 期。

[156] 张宗新、沈正阳:《内幕操纵、市场反应与行为识别》,《管理世界》2007 年第 6 期。

[157] 钟海燕、冉茂盛、文守逊:《政府干预,内部人控制与公司投资》,《管理世界》2010 年第 7 期。

[158] 周春梅:《国有上市公司投资行为异化:投资过度抑或投资不足——基于政府干预角度的实证研究》,《宏观经济研究》2011 年第 11 期。

[159] 周美华、林斌、林东杰:《管理层权力、内部控制与腐败治理》,《会计研究》2016 年第 3 期。

[160] 周仁俊、高开娟:《大股东控制权对股权激励效果的影响》,《会计研究》2012 年第 5 期。

图书在版编目(CIP)数据

股权激励与公司非效率性投资行为:基于双重代理
框架的分析/杨慧辉著.—上海:上海人民出版社,
2018
ISBN 978 - 7 - 208 - 14750 - 8

Ⅰ.①股… Ⅱ.①杨… Ⅲ.①公司-股权激励-研究
-中国②公司-投资行为-研究-中国 Ⅳ.
①F279.246②F279.246

中国版本图书馆 CIP 数据核字(2017)第 207689 号

责任编辑 李 莹
封面设计 零创意文化

股权激励与公司非效率性投资行为
——基于双重代理框架的分析
杨慧辉 著

出　　版　上海人民出版社
　　　　　　(200001　上海福建中路 193 号)
发　　行　上海人民出版社发行中心
印　　刷　常熟市新骅印刷有限公司
开　　本　720×1000　1/16
印　　张　12.25
插　　页　2
字　　数　155,000
版　　次　2018 年 5 月第 1 版
印　　次　2018 年 5 月第 1 次印刷
ISBN 978 - 7 - 208 - 14750 - 8/F·2490
定　　价　38.00 元